教师用书系列

素养与语文
——大都市环境中的素养语文实践

荆北 著

北京出版集团公司
北京教育出版社

图书在版编目（CIP）数据

素养与语文：大都市环境中的素养语文实践 / 荆北著 . — 北京：北京教育出版社，2020.1
（教师用书系列）
ISBN 978-7-5704-0394-3

Ⅰ.①素… Ⅱ.①荆… Ⅲ.①中学语文课—教学研究 Ⅳ.① G633.302

中国版本图书馆 CIP 数据核字 (2018) 第 146097 号

教师用书系列
素养与语文——大都市环境中的素养语文实践

荆北 著

*

北京出版集团公司
北京教育出版社 出版
（北京北三环中路 6 号）
邮政编码：100120
网址：www.bph.com.cn
北京出版集团公司总发行
全国各地书店经销
天津兴湘印务有限公司印刷

*

710×1000　　16 开本　　8 印张　　100 千字
2020 年 1 月第 1 版　　2020 年 1 月第 1 次印刷
ISBN 978-7-5704-0394-3
定价：30.00 元

版权所有　翻印必究

质量监督电话：（010）58572393　58572817　58572750

仅以此书，献给我所热爱过的母语教育
和我曾坚守过的职业人生
并深情地祝福她

作者近照

自序

枕语而眠：我的语文之路与语文之梦

荆　北

舟过万重，难言轻松。

三十，对于年龄来说，怎么看都是一个好数字：而立之岁，年富力强，是正当做事而蓬蓬勃勃之时。然而，如果是用在标记职业的刻度上，意味就完全不同了——这正是个让人感慨万千的数字。

我是1968年阴历2月出生的人，生命的脚步已在三个月前踏进半百之门，而教龄，也恰是三十，准确地说，是三十年又九个月。这也是迄今为止，我和母语教师这个职业规规矩矩结缘的长度。

三十年前的九月一日，我在汉江边的一座老镇的一所农村学校正式站上母语教育的讲台，也是打那一天起，我将自己的职业人生和未来，全盘托付给了中学语文教育，也从此开启了和她一起相依相守，共同承受职业与生命所带给我的各种酸甜苦辣涩味道的平凡生活。

这三十年与语文相依相守的时间，在我心里是可以划分出三个十分明晰的阶段的，即：农村教育时期，小城教育时期和都市教育时期。时间和空间上明朗清晰的三个语文教育时期其实留给我情感和精神回想的特征也是泾渭分明的，即：农村教育时期的执着与豪迈相伴，小城教育时期的傻执与迷茫同行，都市教育时期的谦卑与挑战共生。

无法权衡输赢得失，也无法评判对错是非，只是从职业者在通往成熟与从容的道路上都必须有所经历的角度讲，各有千秋。这三个阶段的经历对于逐步形成个人今天的职业从容心态所产生的意义而言，都是我职业人生厚重的财富，而且具有不可复制的珍贵性。

农村教育时期

　　三十年前的我初出校门，正是什么都缺却又什么都不怕缺的年纪。那时，我对语文的热情前所未有，喜欢语文，喜欢每天站上讲台的感觉，青涩却喜欢琢磨，琢磨每一节课，琢磨和纯真的孩子们一起想出的小点子，喜欢在班级送来的堆成小山似的作业本上由着自己圈圈画画的感觉。显然，那个时期的我和语文之间表面上是滚在一起了，但其实未必有真了解，而且可能就是把胡乱的、肤浅的了解误当成真的了解了。

　　既缺少相对完备的学科教学的理论知识体系的积累，又没有什么丰富的经历体验作为依靠，周围还缺少能把自己引向正确轨道的人，这种状况下的语文教育我不说别人也能知道是什么样子。但那是上课下课都能哼着小曲儿的时期，不会为一节课的得失纠结得死去活来。不过也好，懵懂的语文也是语文，也有不一样的语文的味道。彼时的我，对语文这个职业是真喜欢，大概是年少不知愁滋味，或者是潜意识里认为这个职业一定能带给我未来明媚的一切。所以，一个从鄂西北山沟沟里走来的毛头小伙，每天起早贪黑，早起晚休地在汉江边低矮简陋的校舍和宿舍间来回奔波，风风火火，且胸中天高云淡。

　　那样的时期，我的课堂青涩却总带给我美好的快感；那样的时期，我最美好的记忆是经常和孩子们在晚休时间突然来个师生成语接龙，或者课外活动时一起在简陋的操场茅草地上围坐一起，来个古诗接龙；那样的时期，我的孩子们比我还梦想当诗人或作家，因为那样可以挣稿费；那样的时期，我对语文做过的最功利的事情，是希望发表100篇与语文相关的文章来迎接女儿的出生，文章写了80多篇，可惜一篇也没有发表。也难怪，那样的时期，我对语文其实没有什么研究，也不会研究，因为一切只是在凭感觉。但是真正地走进一门学科，光有激情和好感是远远不够的，时间久了，我慢慢意识到，青涩、散漫而随心所欲的语文虽好，但不是全部，也不是我真正想要的语文，有一天，我开始想到这个问题，然后我问自己：语文到底该是什么样子？

自序

小城教育时期

1996年，刚成家不过两三年的我，因为各种原因，来到城市里教书。这是一个出过皇帝和王爷，也被伍子胥和宋玉厚爱过的小城，不大，却有历史，大名钟祥，还有一个容易让人产生误会的小名：郢中。这个时期，我把自己的职业命运同一所新办城市重点中学的命运绑在了一起，在一位敦厚而又多思的校长的引领下，和一帮跟我一样热血的年轻人一道，成天没日没夜地为学校的发展而战，为应试和升学率而战，为办一流升学率的明确而功利的目标而战。那个时期，我把语文带进了古城巷尾街头的热闹喧哗之中，也把语文带进了我的满脑子简单或者说是极端的功利主义的时代。

20世纪90年代的中国大地正在流行一个词：下海。所以，看起来一切都在发生着某种涌动，而极端的教育功利主义倾向也开始在这个时期的无数教育者心中涌动了，特别是当一个教育主管者有这种强烈的极端功利主义倾向时，还是非常可怕的。事实上，那个时期绝大多数的校长都在这样想，为了争业绩、抢生源，为了让学校成长为被社会追捧被家长们追逐被学生追随的名校、好校，所以学校的办学目标就功利得只剩下两个字了：升学。在这样的背景下，教师个体，甚至教师群体，都只是滔滔洪流中的一根或一群木头，被席卷着，被裹挟着，毫无自我选择之力。而学科是附着在木头上的青苔，也只有寄生在木头上随波逐流的命运。我的语文在那个时期和我一样，在短暂的入城的狂喜之后，就是面对现实，和我这根在洪流中漂浮的木头一样，随波逐流，一起功利。

大时代背景下个人的存在通常是渺小的，其生命存在的模式也是呈淡灰色的。那样的时期，我对课堂的美好回忆不多，对语文教育的经历也没有多少美好的回忆，语文同所有学科没有什么两样，或者反过来说，所有学科都和语文没有什么两样：备课，备考；小考，大考；命题，答题；出卷，改卷。那个时候我做过最让学校领导满意的事情，是利用一个假期写了一本专门研究命题的小书，而且这本小书只研究了一套试题。迷茫久了，也会产生执念，就是渴望挣脱的念头，渴望改变一点儿什么的念头。因此，在成天忙碌奔波于简单应试语文的间隙里，我也开始一些教材教法、教学艺术的研究与尝试，这种暗暗的执着与用劲也给我带来一些意想不到的欣喜，比如，在大家都愿意花大功夫去研究课堂艺术的时候，我也做了一些努力，参加了一系列的课堂教学大赛，而且获了奖，再加上教学之余发表了一些粗浅的文章，就偶尔间似乎得到一些认可了。

我先后被定为各种骨干、名师重点培养对象，各种表象的荣誉与所谓的光环接踵而至，但其实，那时期我对语文的理解真正是困惑远大于思考，解决一个问题之际，更多的困惑却向你奔袭而来。于是我又问自己：到底语文是什么样子？

都市教育时期

2000年10月，我得幸参加了由教育部直接牵头组织的"首届跨世纪中小学骨干教师培训"，一年的培训，我终于明白了我之所以对语文产生越来越多困惑的原因：简单和极端的功利主义环境之下不会有真正的语文教育。

2001年10月，结束了国培学习。一个月以后，我来到了深圳南山，当时作为新一轮课程改革首批试验区，南山的课程改革刚刚拉开了帷幕。年轻的充满改革活力的城市，青春的身影在城市的每个角落游走，到处是热血涌动的同行者，加上各个领域全面改革的全新大环境，这一切都对我产生了无尽的吸引力。那样的日子里，我每个白天、每个夜晚都是热血奔涌。就这样，在武汉开往深圳的夜班列车隆隆的行进声中，我把我和我的语文带进一个全新的境地，把语文带入都市的繁华的同时，也把语文带进一个不改变不行，不努力不行，不挑战不行的境地。这个境地，同先前的那个随波逐流的境地完全不一样。一进入这个崭新的境地，我和我的语文是谦卑的，因为没法不谦卑——一切似乎都在从头开始。激情又来，但是冲动已不复当年。一边观察，一边学习；一边体会，一边思考。再后来，我为自己定下一个目标：沉下心来，至少花十年的时间，好好静下心来研究研究语文，要系统地研究，而且要一边实践一边研究。

最初我把这个研究命名为"当代城市母语系列研究"（后北京教育出版社再版重印时修改命名为"素养语文教育实践与感悟著作系列"）。2014年，基于我的教学实践与思考的《母语的使命》《素养与语文》《课堂的境界》《信息化课堂》《网络与语文》和《文字的秋千》6部170余万字（后来反复修订后实际字数接近200万字）的这项研究终于告一段落，我对语文一直悬着的一颗心才算有了点儿着落。虽然，我并没有为"语文到底是什么样子"这个困惑找到标准的解答，但是我知道，至少我凭自己的努力已经推开了语文的一扇天窗，至少我已经体会到语文应该是强调素养的，语文至少是要为孩子们个体的成长与发展的未来着想的，语文至少应该是紧紧围绕"人"而不是"分"这个主体展开的。

语文，应该是幸福的样子；语文，应该是阳光的样子；语文，应该是语文的样子；语文，应该是生命与生长的样子；语文，应该是"人"的样子。

今年，是现代母语教育跨越百年风雨的一年，而我，在现代母语教育之路上或者说是我在现代母语教育之梦里的经历与徘徊的光阴也度过了三十个春秋，半痴半执，半梦半惑之间，当我从职业的粉尘间，蓦然抬起头来的时候，发现自己已年过半百。为伊砥行堪知命，安慕闲情且再酬。写两句话送给自己吧，也送给我的语文，我的母语教育。我知道，我与她之间，已结下难解之良缘。是为回顾，也为反思。也希望终有一天她能看到她最真实最美丽的样子。

祝福我坚定选择并衷心热爱的母语教育事业越来越好！

荆　北

2018年5月4日凌晨于深圳蛇口南山脚下

总序

以理想之名：寻找当代城市母语教育的最新身份

——我为什么要尝试当代城市语文教育体验式系列研究

荆　北

10余年前，我来到深圳当了一名语文教师，今年，我也恰好进入人生的不惑之年。

10余年前的秋天，当我带着年幼的女儿，携带着简单的行李，坐在从武昌开往深圳的拥挤不堪的列车上时，我的心情和窗外陌生的夜色一样，尽管偶有星光或灯光从视线里滑过，但更多的则是茫然一片。一起让我感到茫然的，还有我对于职业的困惑，准确地讲，是我对未来将要面对的特区全新环境下的语文教育状态的一无所知。在那样的夜晚和那样的旅途中，我称自己这次南下之行为"麻雀东南飞"。

也要感谢这种茫然，它让我寻找新教育之梦的脚步在尚没有真正迈入特区这块异样的土地之前，就变得谨慎起来；也要感谢这种自嘲，它令我寻找新教育之梦的目光在投向特区这块异样的教育田园之前，就保持了谦卑。茫然与自嘲，谨慎与谦卑，在我来深圳10余年的教育职业生活中，既构成了我最基本的职业精神状态，也奠定了我对待职业所秉持的基本行为准则。有这两个前提作为保证，才使我在10余年间面对新环境下的职业生活时，能自始至终保持冷静的心态和平和的思考，才能使我在倾心地了解特区教育所发生的诸事面前，保持客观的判断，并及时调整自己的行为，然后一如既往地编织自己的教育理想。

如今，经历10余年的特区教育行动和思考，虽然茫然与自嘲的感觉犹在，但谨慎与谦卑的心态难丢，甚至可以说更为浓烈。但是这10余年对我的职业成长而言，却如同让我经历一场温火下的涅槃。在深圳这块土地上，每天都在孕育着新的教育思想，每天都在发生着新的教育故事，每天都在诞生着新的教育成果，每天都在涌现着新的教育新秀，还有每天你都可能接触新的教育专家的面庞，等等。这些都是我身边的温火，燃烧从未停息，洗礼从不间断。感谢深圳特区，感谢这里独特的教育环境赐予我历练，这是我最珍贵的财富。

深圳10余年，我的教育理想在历练与洗礼中日益清晰明朗起来，我的教育行走在蹒跚与踯躅中日益坚定起来，那就是：漫步特区教育田园，寻找当代中国语文教育的城市新身份、新角色、新使命。因此，我将自己10余年的深圳教育行动与思考做了这样的命名：

我在特区教语文·当代城市语文教育体验式系列研究

请允许我对这个命名中的几个关键词稍做一点儿诠注。

"特区"。深圳这个地方，最初定位是"中国改革开放的经济特区"，但是显然，正是因为这个"特"字，使得深圳这块土地对于中国社会的发展的地位、价值与作用其实已经远远超越了其最初"经济改革与发展领头雁"的定位。10余年前，当深圳南山被确立为"中国教育课程改革首批实验区"之一的时候，就已经说明了一切，而当深圳南山被评为"广东省第一个教育强区"的时候，深圳特区在教育改革和发展中所起到的作用，又成为一个有力的证明。从这个意义上讲，立足特区进行教育体验式研究，深意无穷，空间无限。

"当代"。反观中国社会的发展进程，每一段"当代"历史阶段，都无不具有历史发展过程中的不可替代性，而社会正是在这样一个又一个"当代"的衔接下，向前做着历史的延伸。但是也可以看到这样的一个不可置疑的事实，那就是今天我们所处的"当代"，却是中国社会历史发展过程中最具有特别意义，最不可复制的特别时期。大而言之，全球化、信息时代的来临；小而言之，中国自身前所未有的开放、发展与日益走向强国复兴之路。因此，在这样的"当代"思考教育的发展，意义、责任与使命都非历史上任何"当代"可比。

素养与语文　大都市环境中的素养语文实践

"城市"。中国三十年的改革开放，是以城市为"窗口"的，"城市化"是社会改革发展进程中的一个显著标志，而在"城市化"的社会剧烈变革中，教育担负的角色、肩负的压力以及承受的责任与使命是摆在教育者面前的一个不可回避的大课题。研究中国教育的"城市化"，寻找中国教育的"城市角色"，既是着眼勇敢而清醒地面对中国社会发展的现实，同时也是以此为切入点，正视中国教育发展的当代特殊性、特别性和特定性。深圳是中国教育"城市化"课题中一个特殊的棋子，"深圳"这颗棋子，分量不言而喻。

"教育"。说"语文教育"，而不说"语文教学"，是因为无论从中国教育的历史责任与使命看，还是从深圳特区区域的教育责任与使命看，无论从中国语文自身的学科特性看，还是从当代和未来孩子的成长立才的需要看，"语文"的内涵与外延越来越难以界定，或者是不是就可以干脆地这样说一句：语文的责任与使命越来越难以界定于"学科"之内了。讲台范围以内的语文，课堂一室之内的语文，教材一本书之内的语文，已经不再能胜任"母语"的责任与使命，分数之下、试卷之内和作业本之上的语文已经不能诠释"母语"的存在意义。

"体验"。大约10余年前，我还未在深圳教书的时候，偶尔在一本朋友带回来的《特区教育》上读到一篇文章——《在研究状态下工作，教师专业发展的基本内核》，这篇文章的作者是时任深圳中学校长的唐海海先生。几乎是在同一时间段，我从一本语文杂志上读到中央教科所朱小蔓教授对于"提倡教师开展叙事式"教育研究的主张。现在想来，这一文一论对我的职业成长具有着至关重要的引领意义。前者给我的启示是"做什么"，后者给我的启示是"怎样做"。我信奉这两个启示，尽管这样的职业方式也颇受争议，甚至也有人对"叙事式研究"持"穿着新鞋走老路"的异议，但是我认为，作为一名普普通通的一线老师，这样的研究反映的至少是一种最真实的状态。

对于"叙事式研究"，我认为其前提是行动，也就是"体验"，而内核，则是在体验基础上形成的思考。这两样加在一起，我认为至少有两个好处：一是能促进教师自身的学科教育在"尝试＋总结＋否定＋再尝试"中得到调整与成熟；二是能通过不断的体验来印证某些教育理论的合适与不合适，从而为更高一级的专家们的研究提供最真实的情报。我想，教育本身是一个金字塔结构，在这个塔形的结构世界里，每个人都做好自己的事，这才最重要。一线老师的行动与思考处在这个塔底，土坯也好，砖石也罢，重要的是，它是这个教育之塔的基础所在，没有这个基础的真实，整个教育之塔就难提真实，也更难说稳定。

这就是我信奉这种基于我所处的先天条件而采取的"自下而上"而非我力所不及的"自上而下"研究方式的初衷所在，也是动力所在。

"系列"。以往一线老师的研究之所以难成正果，或者说被诟病，有很多的原因：一是受视野所限制而导致"技术化"痕迹太盛，所以被评价为"穿着新鞋走老路"，其批评也是事实；二是受功利化色彩诱导而产生的"片段式"味道较浓，所以被批评为"云想衣裳花想容"，也是事实。处于一线的老师们，时间紧，任务重，成就感少，偶尔找到一个突破点进行一些尝试，然后未加系统论证就拿出来，这些零碎的研究由于没有时间和系统上的保证，难以形成有深度和有规模的成绩，因此不仅拿不到话语权，产生的社会影响自然也不大。当然，他们更谈不上为更高一级的结论性研究提供有价值的情报了。

这也是我之所以花10余年时间，立足深圳特区的大教育环境，立足语文教育这个切入点，去进行系列化体验式研究的出发点。

以上说的是"我在特区教语文·当代城市语文教育体验式系列研究"这个选题的命名原因，接下来说说这个选题的具体思路、操作和进程情况。

"我在特区教语文·当代城市语文教育体验式系列研究"简称为"城市语文研究"，其研究核心观念为"素养语文教育是当代城市语文教育的首要任务"（简称"素养语文"），在这个核心观念下，以"当代城市语文课堂教学"为主阵地，进而展开"新历史时期下的母语教育方向""大都市环境中的素养语文实践""新课堂理念下的课堂文化培植""大数据时代中的课堂技术改造""新媒体条件下的语文自主学习""大成长背景中的创新写作教育"等六大领域的体验式研究。在研究过程中，这六大领域既相互独立，又相互穿插，因此呈现成果可能互有包含。下面是具体的研究内容：

1.《母语的使命——新历史时期下的母语教育方向》：针对课程改革前后语文教育现状进行思考，从一线教师的视角，对语文教育教学观念、课堂教学行为、教材运用现状、考试因素等进行思考，向高一级研究者和一线同行提供综合信息。

2.《素养与语文——大都市环境中的素养语文实践》：针对当代城市孩子成长背景、城市环境资源的独有性以及城市教育的各种优越条件进行一系列以"素养语文实验"为宗旨的丰富多彩的课堂内外的教育实践活动，呈现多样化的语文教育教学形式，提供当代城市语文教育教学的新模式、新思路和新观念。

3.《课堂的境界——新课堂理念下的课堂文化培植》：结合新的课程改革理念，围绕素养教育理念核心，针对当代学生的成长特点，融入信息化时代的教育背景，开展语文课堂教学技术与艺术的尝试性研究。

4.《信息化课堂——大数据时代中的课堂技术改造》：以真实的网络班教学实验为素材，客观地展示现代技术综合运用于现代语文课堂教学的得失。

5.《网络与语文——新媒体每件下的语文自主学习》：以自创的教育网站对学生写作自主能力培养经历为感受，总结专题网络对语文教育的得失

6.《文字的秋千——大成长背景中的创新写作教育》：结合当代都市孩子们的成长特点、生活背景等进行专门的文字表达引导的方式方法研究，为当代母语写作教育提供一些榜样性的范式。

以上是我对"我在特区教语文·当代城市语文教育体验式系列研究"这个自我命题的相关内容的一些粗线条的勾勒。来深圳特区成为一名语文教师的10余年，我庆幸自己在喧哗中还能时常提醒自己保持冷静，虽然间或也因这样或那样的原因，暂时分分心，甚至有时出现情绪上的起伏或精神上的迷茫，也屡次想放弃接着往下做的念头，行为的付出程度也是厚薄不均，但是总的来说，我还是断断续续坚持了10余年，才有了手头上的所谓的"成果"。

要小结这10余年为何大致还能坚持往前走的原因的话，可能有三个：一是学生，是学生的存在总能激励着我往前做，这也是一线老师进行教育研究的一点儿优势。学生是鲜活的，而且每天都在你的眼前晃动，这种晃动就是一种提醒，有时你不想做，但是良心却不允许你停下，因为你总会想到，每个学生在你面前过的每一天、上过的每一节课、接受过的每一次教育行为，都将不能再重复；二是环境，是大环境的变化不断刺激我往前做。深圳特区的大环境是这

样，虽然名称上的"特区"已不常被提及，但是深圳作为特区的天性犹在，这个天性就是每天都在发展，每天都在变化，每天都在创新，是天性，更是城市的特质。南山教育的区域环境更是特区环境的一个浓缩。这样的环境下，作为普普通通的个人，是主动拼搏，还是被动前行，谁也说不清楚。

第三个原因，就是个人了，这里个人的内涵，说高一点儿，是"责任感和使命感"，其实说到底，是一种大时代、大环境和大气候面前的个人卑微感。这种卑微感再往下说一点儿，就是在太多优秀人面前的不自信感。长江后浪推前浪，今天这个时代，人才一辈一辈，新秀一拨一拨，一个到中年的人，不努力去做的话，被淘汰的危险每时每刻都包围着你；时代在飞速发展着，个人的安全感却是越来越弱。而排解焦虑的最行之有效的办法，就是行动，再加上一点儿创新。汤之盘铭曰："苟日新，日日新，又日新。"《礼记·大学》里的这句话意思是："商汤王刻在洗澡盆上的箴言说：如果能够一天新，就应保持天天新，新了还要更新。"在深圳当教师，不也是要时时"洗澡"？

我还有一点儿想表达，就是这10余年来，为了这项"我在特区教语文·当代城市语文教育体验式系列研究"，我时有感觉"自作自受"，身体的状况越来越差是事实，而精神上的焦虑也是常态。我鼓励自己的时候喜欢拿荀子的"赤子之心"来安慰自己一下。"赤子之心"是人教版语文教材上的话，是傅雷先生当初用来勉励儿子的，意思是要想做自己想做的事，就得学会承受孤单，要想既不孤单，又想做一些自己想做的事是不可能的，"赤子孤独了，才会创造一个世界"。课堂上，我很喜欢引导学生对这句话反复玩味，想让学生们从中领会一点点生活哲学。但是学生们可能不知道，老师在引导他们品味个中哲学时，何尝不是在为自己寻找面对生活与职业困境的人生哲学！

当然，我自己尤为喜欢咀嚼"赤子之心"的内涵，也多多少少同我对语文教师这个职业天生的喜爱与痴迷有关，也多多少少同我对深圳这个干干净净的年轻的移民城市有关，我爱这个城市，它充满活力，充满包容和充满勇往朝前的战斗力。我时常想起10年前我对自己南下深圳的自嘲——"麻雀东南飞"，虽然10多年了，我这个"麻雀"仍旧是"麻雀"本色，但是我知道在这块没有冬季的温暖的海滨之地，我生命的鸟巢是永远安在这里了，而且不再有想挪动的念头，生活已定居于此，生命何不托付于斯？

所以我想，我总得在人到中年之前力所能及地为这座城市做点儿什么。做什么？我一天天地对我的学生说，要有"城市主人公意识"，甚至带着学生踏遍深圳的角角落落，开展所谓的"移民城市文化追踪"语文实践活动，目的是干什么？不就是让学生爱这座城市？那么我自己怎样做？我想我只有把"我在特区教语文·当代城市语文教育体验式系列研究"这个题目继续坚持做下去，做完整。通过"当代城市语文教育"这个小小的窗口，让更多的人在了解深圳特区以经济建设为名片的辉煌的过去的时候，也从一眼罅缝中再看看深圳这里的其他的东西。比方说，看看这里的教育，看看这里的语文教育在做些什么。

2010年对于中国来说是一个极不平凡的年份，这一年里，我和我的学生都感受很多。而2010年对于中国教育来说，是课程改革的第10个年头，对于南山教育来说，是作为中国首批课程改革的试验区的第10个年头。我算是一个幸运儿，我的"我在特区教语文·当代城市语文教育体验式系列研究"也刚好经历了10个年头。如果2010年还有什么值得纪念的话，那就是：今年还刚好是新一轮的课程改革序幕又隆重拉开之时。我衷心地祝愿中国母语教育与当代城市母语教育迎来崭新的发展变革，也祝福深圳这座城市和深圳的教育事业不断发展，永立潮头。

是为序。

荆　北

2013年秋季于后海蔚蓝海岸小区

目录

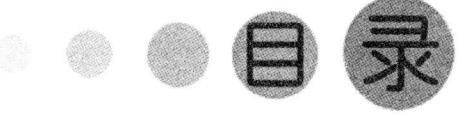

001 | 资源与语文
　　——利用城市资源促进语文教育体验纪实

046 | 灾难与语文
　　——2008年特殊时期的语文教育行动纪实

074 | 公民与语文
　　——与公民意识培养相关的语文教育活动纪实

资源与语文

——利用城市资源促进语文教育体验纪实

当教师二十多年,我从当初一个意气风发、满怀梦想的年轻人到今天成为步入不惑之年的中年人,从条件极为简陋的农村学校走到今天所在的现代化程度达到世界一流的都市学校,从面对生活环境恶劣的农村学生到面对今天中国改革开放后最先富裕起来的特区创业者的后代,面对物非人非的事实,时常感慨万千。

在环境与教育对象以及我自身发生的巨大变化的背后,有一种困惑一直伴随着诸多感慨在我心头逐渐滋生,这种困惑可以用几句话来概括:为什么周围发生了那么大的变化的同时,中国语文教育自身变化却并不明显?一样的薄薄的几本教科书,一样的几篇几代人学来学去的重点篇目,一样的抱着课本教语文的方式方法,还有一样的把考试作为终极目标的评价方式。难道我们的教育真正作用就是让生活在完全不同环境中的孩子的所学所获最终雷同?难道我们教育的目标就是要最终把课本上的几篇薄薄的文章最终学透就足够?

有这样的困惑,面对这样的事实,我的内心难以摆脱一种失落感,这种失落感在我面对生活环境日益复杂化,充满个性张扬的需求和独立思考能力日益增强的都市孩子们时,又时常演变为深深的负罪感——我觉得我们的语文教育的目光太贫乏,太空洞,空洞得连孩子们已经完全不同的内心世界和他们所生活的完全不同的社会环境都看不到,或者装不进去。

素养与语文　大都市环境中的素养语文实践

是的，语文教育需要有一种前所未有的自身变化来适应今天的孩子，特别是今天的都市孩子们，也是在这样的困惑之下，我才逐步有了引进更多城市教育资源来教育城市孩子的愿望。我想用丰富的、个性的和孩子们能直接感受到的城市教育资源来教育他们，这对于都市孩子们来说，是一种主动的语文教育方式，是试图采集城市语文教育的种子，播种在城市的教育环境这一独特土壤里。

将"城市文化名片"装入学生语文学习口袋

2001年下半年，当我初到深圳时，我立刻被这座城市正在轰轰烈烈开展的一项全民性活动所震撼，这项活动就是被誉为深圳"城市文化名片"的深圳特区一年一度的"深圳读书月活动"。

时隔数年，至今我仍记得自己当时的心情，我拿着当天《深圳特区报》《深圳商报》《晶报》以及《深圳晚报》等深圳各大报纸，这些报纸几乎同样都在头版刊载着读书月活动隆重的启动仪式，并用整版篇幅以列表形式详尽介绍读书月活动的内容等相关信息。那一夜，我躺在租住的狭小而燥热的不足十平方米的小房间里，心潮起伏。那种心情，既有对一座城市居然能如此大规模地组织这样的全民读书活动感到惊讶，也有对自己能置身这场刚刚开席的"文化盛宴"而感到兴奋。那一夜，作为一个还在对未来生活充满不安的都市新客，我的内心涌起了渴望不久的将来能成为这个移民城市永久主人的强烈愿望。

关于"深圳读书月活动"的相关背景，我想引用两篇简短的文字来给大家一个基本印象。一篇是"深圳读书月活动网"的《深圳读书月活动简介》。文章这样写道：

深圳读书月活动，是由深圳市委市政府于2000年创立并举办的一项大型综合性群众读书文化活动，时间为每年的11月1日至30日。

深圳读书月活动秉承营造书香社会，实现市民文化权利的宗旨，着力于提升市民素质,建设学习型城市。七年来,举办丰富多彩的文化活动1000余项,包括读书、换书、赠书、征文、绘画、书法、摄影、设计、辩论、话剧、讲座、朗诵、研讨、调查、展览等多种形式,参与读者近1000万人次,向希望小学捐赠爱心图书价值1000多万元。创出了"深圳读书论坛""藏书与阅读推荐书目""经典诗文朗诵""中小学生现场作文大赛""赠书献爱心""学习在社区"等品牌活动。作为由政府推动的一项公众文化活动,深圳读书月活动已经走进千家万户,融入市民生活,影响遍及全国。深圳读书月活动,已经成为深圳市民的文化庆典、城市的文化名片和实现市民文化权利的重要载体。

七年来,通过深圳读书论坛等学术文化活动,邀请参加读书月活动的专家学者中,有国学大师,有两院院士,有知名学者,有名校教授。他们都为深圳浓厚的市民文化氛围所感染而喜欢上这座城市,成为了深圳人的朋友。国学大师金庸先生说:"一个新的城市有如此欣欣向荣的读书尚学风气,是我没有意料到的。";北大教授谢冕称读书月活动是"深圳的文化狂欢节";著名作家莫言非常赞赏读书月活动,认为读书月活动为深圳营造了一种读书的社会氛围,是一件好事。深圳读书月活动在推介深圳,引进大师思想,丰富深圳本土学术文化资源方面,正发挥着越来越重要的作用。

另一篇题为《深圳读书月活动成为全国文化品牌》,该文发表于2006年12月8日《深圳商报》。文章写道:

据统计,直接、间接参与本届读书月活动的群众达700万人次,参与面进一步扩大。中央、省、市媒体对读书月活动高度关注,累计刊发新闻报道近7000条,15家主流门户网站也转载或报道了深圳读书月活动,深圳读书月活动网站点击量一个月内达到8万多次。深圳读书月活动逐渐由深圳的一张"文化名片"成为享誉全国的文化品牌,影响力进一步提升。

本届读书月活动的开幕仪式和深圳书城中心城开幕仪式、深圳书城十周年节庆、全国文化研讨会等重大活动同期举行,可谓盛况空前。来自中央和兄弟省、市的各级领导、专家、学者济济一堂,共同见证了这一文化盛事。深圳已

素养与语文　大都市环境中的素养语文实践

成为全国读书文化的策源地、推广者和领军城市,得到全国读书文化界的广泛认同。

深圳读书月活动时间是11月份,而我到深圳教书的时间是11月初,正好赶上"第二届深圳读书月活动"。这对于我与其说是一种巧合,还不如说更算是一种幸运。因为这种巧合与幸运,我在第一次听说读书月活动并为之彻夜难眠的激动之余,我就隐隐约约意识到,这张精美而诱人的"城市名片"将进入我和我的都市学生的语文教育世界,将成为今后我的都市语文教育中一项不可或缺的教育资源。从这个愿望出发,我今天仍觉得,那种巧合与幸运与其说是对我个人的,不如说是我所期待尝试的新城市语文教育实践无意获得的一个良机,甚至可以说是对一个困惑中的年轻人的某种奖赏。

我所做的第一件事,是以一名城市居住者的身份,把这张对未来语文学习将产生重要意义的"城市名片"递到每个学生手中。在第二天的语文课堂上,我把"读书月活动"活动开启作为一件重大的新闻事件通报给了我的学生们,并通过自己的解读向学生们诠释了这项活动对提高个人素养,对语文学习和对城市文化发展的重要性,在此基础上,引导同学们通过自己的目光,来谈谈自己对这项活动的认识和感受。虽然一向习惯于基于课堂来思考的同学们当时谈得并不深入,但是我知道这样做的目的并不是要让同学们谈出什么惊天动地的见解来,对于学生来说,我只希望一样东西能进入他们的脑海中,这样东西就是对"读书月活动"的关注意识,只要他们知道了这件事,我想,"名片"就被他们接到了手中。

我要做的第二件事,是以一名城市基层文化传递者的位置,扮演好"读书月活动"与学生语文学习之间的义务联络员角色。最初,我将与"读书月活动"相关的媒体信息以剪报的方式摘录下来,在教室的一角专门办一个"书香季节——读书月活动信息专栏",然后挑选几个得力的小助手,每天都将最新的报道读书月活动进展、活动盛况和活动内容的相关内容张贴进去。深圳读书月活动组委会工作做得很细致周到,在活动一开始就将整个读书月活动期间的活动安排及推荐书目做了详尽的安排,每周还通过各大报纸、网站与电视发布下一周即将开展的重要文化活动。从媒体上摘录下来的重要活动安排,我自己解读后，在适合同学们参与的内容上用红笔画上重点记号，提醒同学们注意，引起同学们关注。义务联络员工作的效果，就是比较成功地将读书月活动的浓烈氛围带到了教室里，让同学们近距离沐浴在读书月活动的空气中。

我做的第三件事，是从一名城市语文老师的职责出发，有意识地通过适当方式带领学生直接参与到读书月活动中去。为了让学生们能真正从读书月活动中受益，而不仅仅只是一名旁观者。这以后，每个读书月活动到来时，我都为他们拟订一个适合他们的参与计划。读书月活动中的"四个一"活动就是其中之一。在这项活动中，我要求同学们尽量做到"四个一"：读一两本适合自己需要的有价值的书；写一两篇带有自己思考的有分量的作文；听一两场自己崇拜的大师的有启发的演讲；看一两场自己喜爱的有内涵的文化演出。为了发挥读书月活动最大社会效益，读书月活动中几乎所有大师演讲和文化艺术演出活动都是免费的，能享受如此高密度和高质量的文化大餐，对每个人而言，都机会难得，同时唾手可得，为此我把这项活动以告家长书的方式发给每位同学的家长，鼓励家长们为孩子参与活动创造机会，几年来，我接收到的反馈信息中，从来没有负面的。

"四个一"活动结合读书月活动的整体特点和学生的实际而拟订，基本上体现了"低要求，重参与"的特点，没有刻板的内容和压力，这让喜欢自作主张而又不喜欢过多强制的都市孩子们找到了另一种学习语文的方式，新鲜而灵动的学习方式也给了他们学习的热情和信心，在"低要求，重参与"的活动宗旨下，活动收到的效果往往出人意料。好多孩子基本上都是积极参与，超额完成任务，甚至还带动了全家人参与读书月活动的热情。2005年，何天扬同学从十五万名中学生中脱颖而出，一举获得读书月活动中学生作文大赛一等奖的第一名，就是这项活动效果的一个有说服力的证明。这件事，我将分别在"阅读背景下的语文教育"和"城市资源与都市作文教育"（另书）中专门提到，在此不再赘述。

我做的第四件事，是从一名城市语文教育梦想者的着眼点考虑，将读书月活动引发的语文综合学习热情持久化。读书月活动虽然好，但毕竟只有一个月时间，这短短的一个月时间对于学生的语文学习来说，还是太仓促、太短暂了，因此，能借助读书月活动的春风，将同学们的阅读兴趣长久地保持下去，让温馨书香长久萦绕在每个人的心头，将读书月活动激发的对语文的感知和对文化艺术的感知演变成一种持久的精神深处的需要，将读书月活动变成读书年活动，变成一生一世的读书活动，这种想法伴随着我和同学们的参与在我头脑中产生了。基于这种想法，我带领同学们做了一些尝试，如在教室里办藏书量达到五百多册的教室图书馆；如带领同学们连续用随笔的方式去表达对城市生活的关注；如鼓励同学们和家长一起参加一些文化活动；等等。这些，如今一步步变成了现实，有些甚至成了我语文教育活动中不可磨灭的记忆。

时光荏苒，岁月流逝。"深圳读书月活动"到2008年已经举办了整整九个年头了，我和我的学生们也已经沐浴过八届读书月活动的书香，这种独有的书香，既给我的学生们的精神生活带来难得的回忆，也给我们师生的语文学习生活带来了难得的永远的回忆。

现在想想，从当初第一次听说"读书月活动"五个字的时候，我朦胧地意识到这一活动肯定与我今后的城市语文教育生活密切相关，到现在还在心头时时回味它带给我和我的学生们实实在在温馨的记忆。我想，我应该真诚地对"深圳读书月活动"最初的构想者、创意者以及活动中的组织者表达一名城市语文老师的感谢。感谢他们的创意和劳动为这座城市文化的发展和提升设计了这个别出心裁的活动，也感谢他们为我的城市语文教育提供了宝贵的教育资源。这是我在城市语文教育中第一次将语文与城市两个关键词紧紧联系在了一起，而在此之后，我受启发，开始更多地思考城市资源与现代城市语文教育之间的关系，并尝试将二者进行更多更丰富和更有深度的结合、融合。可以说，"读书月活动"为我在城市语文教育中将城市资源有机地吸收和整合打开了一扇阳光灿烂的窗户。

说到这里，我还想表达另外一层意思。从读书月活动创意者、发起者和组织者的本意来说，他们并没有想到将此活动跟城市语文教育联系起来，但是作为一名城市语文教师，关注和发现城市对教育有价值的资源，我觉得对于今天的一名城市语文教师而言，应当有一些意识了。因为有了这样的意识，我们的城市语文教育才能实现从"众里寻她千百度"的苦恼到"为有源头活水来"的扭转,语文教师才可能时常体会柳暗花明的快意。

从城市钢筋水泥丛林中发现"楼语文"

有人说:深圳(现代都市)"楼高如山,街深如谷"。面对着如山的高楼,面对着夜幕中大楼里闪烁的灯光,你想到了什么呢?栖息之地,归宿之所,温馨之家,理想之舟……无论是都市,还是乡村,生活中都有许许多多的楼,而在楼里都会发生这样或那样的故事,常常让人激动不已,令人回味无穷……

读到以上文字,你想到了什么?你或许以为这是一首诗?不是,这只是我初到深圳的时候看到的一道中考作文的命题"楼"的提示内容,这道题要求同学们以"楼"为话题,根据自己的生活,选取一个角度,或写与楼相关的故事,或写与楼相关的感受,或写与楼相关的见解。初次看到这样一个极富城市地域特征的命题,我从心底对命题者的别具匠心敬佩不已,也感动不已。时至今日,我仍然觉得这道作文命题是我见到的作文命题中最富特色和最具话题想象力的命题之一。

我想,命题者一定是对楼有深切的感受,一如当初我来深圳之前,心里面对这座位于改革开放最前沿的传奇城市的印象满是高楼大厦的想象一样,我想,也许无数个深圳人初来深圳寻求新的生活之前,他们对深圳的想象都可能是以"楼"为中心的。"楼",正如提示所言,是一部用钢筋水泥和现代设计艺术浇筑的深圳城市发展史,甚至可以说深圳的楼是中国改革开放的历史见证。这是大而言之,小而言之,这座城市鳞次栉比的楼宇之间,不知道隐藏着多少创业者的梦想、奋斗、成功和失败的故事。深圳的楼,也见证着每一个移民家庭从几近一无所有到逐渐找到城市归宿感的心路历程。

深圳的楼对生活在这座新兴移民城市的孩子们来说,也许更具有一种特别的意义。对于那些中途来到深圳的孩子们来说,楼,见证着他们的上辈为了寻找幸福,舍家别子在外艰苦奋斗的一段历程,见证着亲人之间的无尽思念和祝福，见证着他们终于一起生活的满足感。而对于那些一生下来就生活在楼宇之间的孩子们来说，楼，更是他们的不解之缘，他们出生第一眼看到的是楼房，成长中每一天都看到周围的楼房在一天天增多和长高，而楼房也带给了他们与其他地方生活的孩子完全不一样的童年生活和感受。楼，给了他们与农村孩子难以趋及的优越感，也给了农村孩子所没有的失落感和孤独感，如果一定要将城市孩子与农村孩子作出个区别的话，那就是，"楼"，成了城市孩子们身上难以剔除的烙印，这烙印，已经跟他们的血肉生长成一体了。

显而易见，如果要筛选对教育极为有用的城市资源的话，"楼"正是一种最佳的教育资源，因为他离孩子们的距离最近，对每个孩子来说，他们感受最真切，也最真实。"楼"，就是在这样的思考中走入了我和孩子们的语文教育世界里，成了我跟孩子们永远研究不完的话题。这其中，最令我记忆犹新的是一次围绕"楼盘命名"进行的楼命名文化发现的语文关注活动。

五一长假，我给了同学们一个简单轻松而有意思的语文作业，就是要求每个同学利用假期时间关注一下周围社区的楼盘命名，这项活动要求每个同学至少写出五十个以上的周围地区现有的楼盘名称，然后在此基础上，通过自己的认识和思考，总结出深圳这座城市楼房命名的独有特征，"五一"后拿到班级进行交流。由于这项语文作业和平时的要么做试卷，要么做练习册，要么写作文等作业有明显不同，也没有什么压力，同学们在接受任务时都显得很兴奋，有的同学当时就开始对自己所知道的楼盘命名进行脱口秀了。但是我知道，要找出五十个以上的楼盘命名，并对这些楼盘命名特征进行总结，还是需要进行一定的关注和思考的，所以，对长假以后的作业结果，我仍然充满期待。

这个五一假后第一节语文课上，同学们楼盘命名文化发现的交流展示的作业完成情况比我预期的好得多。大多数同学都找出了五十个以上的楼盘名，有些特别用心的同学甚至找出了上百种之多。陈程成同学当场念出的楼盘命名一共有一百三十多个，内容涉及关内关外：

海洋之心，海琴苑，滨海之窗，漾日湾畔，招商海月，半岛，蔚蓝海岸，鹏城花园，文德福花园，东帝海景，海怡园，怡海，后海花园，天骄华庭，西湖林语，书香门第，绿海名都，地业城市假日，中铁·诺德国际居住，波托菲诺纯水岸，学子荔园，花园城，悠然居，鼎太风华，前海金岸，阳光棕榈园，南硅谷，椰风海岸，阳光带海滨城，东方花园，英伦名苑，育德佳园，临风馆，半山海景，佳兆业·香瑞园，京基御景东方，高山花园，卓越浅水湾，南海玫瑰，中海·阳光玫瑰园，百仕达红树西岸，海印长城，名家富居，鸿威海怡东方，中海深圳湾畔，花样年华，花样年·香年广场，信和自由广场，前海天朗风情，现代豪园，西海明珠，兰溪谷，美庐锦园，天鹅堡，益田假日湾，恒立听海，澳城，后海公馆，山居岁月，沁园，太子山庄，左庭右院，月朗苑，日辉台，群悦龙庭，怡瑞山庭，依云山庄，承翰·慢城，清林径，紫金山，可园，依山郡，莱蒙·水榭山，城市明珠，富通城，星河丹堤，圣·莫尼斯，幸福枫景，锦乡江南，泰华·冠城世家，富通城·海，金黄色地梅陇镇，宏发领域，禧园，俊庭，尚都，欧陆经典，桃源居，西海湾，后海公馆，海珠城，春树里……

　　从搜集的楼宇命名中发现深圳楼盘命名的特征，同学们大多也做得比较上心，很多同学都至少总结出了两三条有价值的共性特征。如"命名充满了诗意美""命名充分体现了深圳的地方特点""命名多采用四个字组合，体现汉语语言的表达特点""命名流露出深圳人对家的向往和渴求""命名具有鲜明的东方味道"，也有人说"命名体现出深圳移民城市的包容性特点""命名的中西合璧展现了深圳作为国际化大都市发展的方向"，还有人总结出深圳的楼盘命名带有很强的人文性、怀旧性特点，有的同学还认为深圳的楼盘命名总体质量高，反映深圳人才荟萃，甚至有的同学们得出了深圳楼盘命名体现了一定的科技含量，等等。

　　最后，我在同学们发现的共性的基础上，帮助同学们梳理出最有价值的几条共性：一、深圳的楼盘命名充分体现了地域性特征，如很多命名都直接或间接与海相关；二、深圳的楼盘命名充分体现了移民城市的特征，如命名中体现的各地文化的包容性就是一例；三、深圳的楼盘命名充分体现了深圳作为国际化大都市的特征，如很多命名将民族文化与国外文化交融在了一起；四、深圳的楼盘命名充分体了深圳游子们对居家生活的浪漫追求，如很多命名带有"居""园""院"以及"庭"这样的字眼；五、深圳的楼盘命名充分体现了商业与文化的结合，富有诗意与创意，这正是深圳人高素质的体现，如"春树里""花样年华""沁园""花半里"等等。

我告诉同学们，深圳的楼盘命名的这些表面共性下，反映的其实是一种具有深圳特区特有味道的地域文化。楼盘命名的表象研究之下，我们透过这一现象，来观察我们的城市发展，来认识这个城市的创业者和奋斗者的综合素质和内心渴求。楼盘命名，体现了深圳这个世界上最年轻、发展最快的新兴移民城市的浪漫情怀，这足以让每个生活在这座城市的人们感到自豪。我还告诉同学们，我们今天研究深圳地区的楼盘命名，其实也是从五彩缤纷的深圳特区的楼宇命名中进行一个重要观察：语文怎样走向生活、走向商业、走向运用。因此，每一个招人眼球和让人回味无穷的楼名之下，其实是创意者母语才华的展现。好名一半楼，是语文，让这个城市的楼房提升了价值；是语文，让这座城市增添了品位。

围绕"楼名"进行的楼名文化发现的语文关注活动，虽然看起来简单而轻松，甚至看起来有些表面化，但是这项活动的意义却绝非表面化。因为这项活动直接带动了同学们此后将与楼相关的内容纳入了自己的视线中，由单纯地对建筑形态和建筑命名的关注到对楼文化的关注，进而到对社区生活、对社区文明和社区人精神生活状态的关注。几年来，我先后引导学生开展过"楼宇诗歌"发现活动，"楼宇广告语"搜集活动，"楼中村生活回忆录"以及"为'楼人'画像——我身边的熟悉和陌生的同楼人观察"等活动，这些，都是从表象走入内在，从抽象走向具体的感受方式。

围绕楼文化展开的一系列语文活动，我习惯称之为"楼语文发现活动"，这项活动拉近了同学们与城市距离的同时，也逐渐唤醒了同学们生活在楼宇中随着长大而逐渐麻木的心灵，让孩子们变得成熟了。"大多数深圳家庭在最初到深圳的一段时间，都可能会搬四五次家，有的甚至搬上十多次以上。"这是我刚到深圳时，一位事业有成的朋友看到我们居所寒酸时，对我们说过的一句安慰话，我对这句话体会特别深。我来到深圳后，我们家就搬过十多次。但是，随着时间的流逝，我终于有了自己的房子，成了真正的深圳人。

"深圳的楼房，是我由一无所有走向富裕和幸福的见证，是我们家一本永久的相册。"这是一名同学在开展"楼中村生活回忆录"活动中，他写的一篇《楼，我家永远的相册》叙事作文中的一段话，也道出了同学们对于"楼"文化的理解情怀。而在开展"楼宇诗歌"发现活动中，另一位同学搜集到的一首写楼的诗，大概更能反映同学们对深圳的楼、楼中村、楼文化、楼生活的新认识：

楼，是活的历史
楼，生活是从贫困走向富裕的变奏曲
楼，是富有，是进步，是标志，是开放，是风景
楼，是对比，是反差，是隔膜，是金钱，是封闭
楼，城市发展飞跃的里程碑
……

感受城市企业家和创业者的文字情怀

"原来我对企业家并不了解，偶尔听人们说到'企业家'三个字的时候，我的脑海中通常也只是这样的印象：他们穿着名牌衬衫，打着领带，开着名贵的车，或者坐在办公室里一个接一个跟客户通电话，或者在餐桌上一杯接一杯跟人喝酒，谈生意，回到家一脸疲惫……但是自打从课堂上听到老师对华为创始人任正非的介绍，看到任正非亲自写的文章的节选《北国之春》之后，我对'企业家'这个称呼有了新的认识，这三个字不再只是一个抽象的符号，而变成了一个有血有肉的人，他们不仅有胆识，有才华，而且有着跟我们常人一样的个人情感，他们也有悲伤，他们也非常渴望爱与被爱，他们受人尊敬。"

素养与语文　大都市环境中的素养语文实践

"没有想到，企业家也会拿起笔来写文章，而且写得这么多这么好，而且写得让人很感动。这是我看了华为总裁任正非先生写的《北国之春》和《我的父亲母亲》之后的感慨。我一向认为企业家只需要坐在有空调的办公室里发号施令就行了，除此之外，他们就是陪客商喝点儿酒，抽点儿烟，再不就是搞搞什么剪彩，或者是约几个跟自己差不多的重量级人物，去某个风光秀丽的山庄钓钓鱼，散散步。但是这都只是我片面认识，因为我从任正非的文字中，看到了一个真正的中国企业家，一个深圳本土的传奇企业家的形象，他充满了责任心，喜欢用文字来表达自己的内心感受和想法，他比常人更懂得爱，更懂得感情。"

"在老师的引导下，最近我了解了一个很了不起的人物——任正非。他是我国四大IT行业的领军人物，被誉为中国民营企业的本土领袖，而他恰恰又是在深圳的南山——我生活和学习的地方。他在几乎一无所有时创办了公司，又一步一个脚印带领着他的公司走向了强大。我从老师推荐给我们传阅的任正非的文章中，除了看到了他用智慧和胆略来领导他的公司，也了解了他其实同时用他喜爱的文字管理他的团队。他写了很多的文章给他的员工们读，有的教员工们学会爱，学会尊重；有的教员工们学习别人，学会踏实和吃苦；有的教员工们学会正视自己，培养自我批评的精神；有的则教育员工学会忧患，居安思危；有的则教育员工学会崇高。我对这样一个人敬佩之至，我长大了也要做这样一个具有人文情怀的伟大企业家。"

以上几段文字是从同学们参加一项语文活动后写的几篇感受文章中摘选出来的，这项活动也是借助城市资源对学生开展语文教育的活动之一，活动名称叫"贴近任正非：从企业家的'作文'中感受人文情怀"。

活动的初衷，是想借助这样一个优秀企业家的文字，让同学们了解一个优秀企业家的真实一面，从他亲笔写下的众多文章中，让同学们感受一个优秀领导者的人文素养和人文情怀，从而引导同学们树立正确的人生观、语文学习观，进而了解文字在企业管理中具有不可替代的地位。之所以有这样的念头，是因为我当时中途接手一个全年级综合素养最优秀的班级：数学实验班。接手之后我发现，从种种数据来看，这确实是一个成绩优异的班级，但是也发现了问题：一个问题是同学们成长价值观有问题，只在说学习与分数，而其他责任心缺乏；另一个问题是不重视语文学习，尤其没有正确的写作观。有的同学甚至公开对我说：我长大了要做一个企业家，写不写作文有什么要紧的？

在这种情况下，我想到了一个特别的教育资源：华为集团的总裁任正非和他的文章。我本人了解到任正非先生和他的文章也是出于偶然。当时深圳南山教育网上正在向全体教师推荐一篇文章，题目是《华为的冬天》，作者正是任正非。文章是提醒全体公司员要有工作忧患意识的。无论是文章的题目，还是意图，还是文章的思路和语言，都让我深受启发，也让我从内心深处对这位赫赫有名的民营企业家涌起一种尊重。老实说，我本人不大崇尚商业，对企业家的了解并不多，甚至可以说几近无知。但是这篇文章让我对这位传奇式的企业家产生了兴趣。

学校几百名老师中，有近30位老师，他们的家属在华为工作，恰巧我办公室里有一位老师的丈夫也在华为工作，她的儿子也正巧在这个班学习。除了她本人滔滔不绝地向我讲述了许多关于任正非的故事外，她还特意向我推荐了两本正在华为员工中流传的书：《华为真相》和《走出华为》。在头一本书中，我一下子被作者所引用的大量的任正非先生亲笔写的文章所吸引，这一次吸引我的，除了他缜密的文字思维，娴熟的文字功底，还有他文章中所体现的强烈的人文情怀，社会责任心等因素。而《北国之春》和《我的父亲母亲》这两篇文章，读完后我只觉得内心深处涌起的感动久久挥之不去。

在第二天的语文课上，我的课题就是《贴近任正非：从企业家的'作文'中感受人文情怀》。课堂上，我先向同学们读了任正非的文章《北国之春》的部分文字：

在一个偏僻乡村的小居酒屋，巧遇一群日本退休老人到这里旅游，他们为我们热情地演唱了《拉网小调》，我们也情不自禁地与他们同唱北海道民歌《北国之春》。他们那样乐观、热情、无忧无虑，感染了我。相比之下，我感到中国的老人有操不完的心，心事重重，活得很累。我们的父辈们沉重的心情，他们至死也没有轻松过。

我曾数百次听过《北国之春》，每一次都热泪盈眶，都为其朴实无华的歌词所震撼。《北国之春》原作者的创作之意是歌颂创业者和奋斗者的，而不是当今青年人误认为的一首情歌。

当一个青年背井离乡，远离亲人，为事业奋斗，唯有妈妈无时无刻不在关怀他，以至城里不知季节已变换，在春天已经来临时，还给他邮来棉衣御严冬。而我再没有妈妈会给我寄来折耳根（鱼腥草）、山野菜、辣肠……一切只能长存于永恒的记忆。儿行千里母担忧，天下父母都一样，担忧着儿女。我写的《我的父亲母亲》一文，日本朋友也译成了日文、英文让员工传阅，他们误认为我是孝子。我是因为没有尽到照顾父母的责任，精神才如此内疚与痛苦。我把全部精力献给了工作，忘了父母的安危，实际上是一个不称职的儿子。

一个人离开家奋斗是为了获得美好的生活，爱情又是美好生活中最重要的部分，但爱情就像独木桥一样，人家过了，你就不能过。离家已经五年，在残雪消融、溪流淙淙的时候，面对自横的独木桥，真不知别人是否已经过去，心爱的姑娘可安在。那种惆怅，那种失落，那种迷茫，成功了又能怎么样？

棣棠丛丛，朝雾蒙蒙，静静的水车、小屋，与阵阵无忧无虑的儿歌声相伴的是父兄的沉默寡言。我们多数人能去读大学，都是父兄默默献出自己的结果。他们含辛茹苦地，一点一点地劳动积攒，来供应远在他乡孤立无助的游子，他们自身反而没有文化。他们用自己坚硬的脊梁，为我们搭起了人生和事业的第一个台阶。但愿他们别太苦了自己，愁时相对无言也沽两杯薄酒。我们千万不要忘记他们，千万不要嫌弃他们，千万不要忘记报答他们。

由此我想到，我们每一个人的成功，都来自亲人的无私奉献，我们生活、工作和事业的原动力，首先来自妈妈御冬的寒衣，来自沉默寡言的父兄，故乡的水车、小屋、独木桥，还有曾经爱过你但已分别的姑娘……

读完节选内容后，我从许多同学的目光中感受到了"感动"二字。当同学们接下来看到作者是"任正非"，而且知道他就是华为的总裁，南山就是他从一无所有走向今天的第一站时，同学们惊讶的表情可想而知。惊讶还远没有结束，我告诉同学们，这只是任正非先生亲笔写的数十篇文章的其中一篇而已，任正非先生不仅企业做得好，而且文章也写得好；任先生不仅会用各种方式管理企业，而且还用写文章的方式来管理企业；任先生不仅只是一个会挣钱的人，而且是一个极受人尊敬，极富人文情怀的人。

接下来，我在背投上投出了任正非先生这些年写的文章目录，共有四十一个题目，从《胜利祝酒辞》到《致新员工书》，从《论反骄破满》到《再论反骄破满……》，从《在自我批判中进步》到《为什么要自我批判》，从《赴俄参展杂记》到《印度随笔》，再到《走过亚欧分界线》，从《不要忘记英雄》到《呼唤英雄》，再到《不做昙花一现的英雄》，从《自强不息》到《狭路相逢勇者生》，从《谈学习》到《我们向美国人民学习什么》，从《华为的冬天》到《华为的红旗到底能打多久》，再到《再论华为的冬天》，从《要从必然王国，走向自由王国》到《创新是华为发展的不竭动力》，从《雄赳赳，气昂昂，跨过太平洋》到《迎接挑战，苦练内功，迎接春天的到来》，从《我的父亲母亲》到《北国之春》……

可以想象到，同学们看到这份庞大的文章目录时的感受。我对同学们说，这是一个企业家的文章目录，是一份让人倍受尊敬的目录。我们以前可能只知道华为是个大公司，今天我们知道了任正非这个名字；我们可能以前对任正非的印象和我们所感觉的企业家的印象一样，他们只会拼命赚钱，但是我们今天了解到一个会写文章的企业家；我们很多同学可能知道企业家要用MBA的学识和能力来管理企业，但是今天我们知道了写文章也可以管理企业，而且可以管理得这么好。我最后还诙谐地对同学们说，以后谁在大家面前再提到华为怎么样神奇的时候，我们这样对他们说：我知道，华为是任正非写文章写出来的神奇。这句话，让全班同学都笑了。

这节课上，我除了将任正非的文章目录印发给同学们外，还着重将《北国之春》和数万字的长文《我的父亲母亲》全文印发了多份，让同学们在全班相互传阅，也可以根据目录，通过网络等各种方式选择性地多读一些任正非的文章。然后在此基础上，我要求同学们以随笔的方式完成对任正非的印象作文。本文开头几段文字，就是走近企业家文字活动的思考结晶。我到今天仍然觉得，当时几乎灵机一动的做法是正确的，这样的活动利用本土企业家的文字与人格因素作为语文教育资源，不仅把学生拉进了现实生活，贴近了企业家，而且直接从企业家的文字中深刻认识了企业家的人文情怀和健全的人格，这对树立学生的价值观、责任心是有潜在作用的。

当然，更重要的，学生从另一个方面认识了文字的重要性，知道"作文"原来还可以发挥这样大的作用。

为"深圳爱心大使" 丛飞自发撰写墓志铭

一座优秀的城市，发展中总会不断发生一些让世人关注的大事，涌现一些让世人瞩目的杰出的人物。深圳本土歌手丛飞就是一个有力的印证。

丛飞原名张崇，1969年10月出生于辽宁省盘锦市大洼县庄台镇，1994年毕业来到深圳，1994年8月应邀参加重庆市举行的一次失学儿童重返校园义演，从此开始了长达11年的慈善资助活动。截至他离开人世，他已经资助贵州、湖南、四川等贫困山区178名贫困儿童，先后被授予"中国百名优秀青年志愿者""深圳市爱心市民""深圳市爱心大使""2005感动中国年度人物"等称号。2005年4月，丛飞被诊断患有胃癌。2006年4月20日8时40分，丛飞因胃癌致多脏器功能衰竭，溘然长逝，年仅37岁。这位深圳人心中的爱心英雄，死后留下遗嘱捐献了自己的眼角膜，将最后的光明留给了人们。

丛飞的事迹感动了成千上万的深圳市民，他虽然在深圳生活的时间只有12年，也不是土长土长的深圳人，但是他的大爱情怀却源于这块滨海的土地，是深圳这座优秀城市包容万物的特质，孕育和滋养了他无私奉献的卓越人格，是深圳这座优秀城市为他提供了施行大爱的空气和土壤，这座优秀城市见证了丛飞精神的影响日渐深远。丛飞，让世人增加对这座城市的尊重和向往，他用他短暂的12年的个人行动和他生命的绝唱，为这座年轻的城市增添了难以称量的人文厚重。

一位深圳市民在闻知丛飞死后，饱含深情地在网上为他写下了这样一首诗：

一曲终了
但你的演出没有谢幕
你用生命的全部奏出的旋律
在爱的丛林里流动

你短暂的生命
虽然只是一抹流萤
但在我们的心中
却是一颗流星撕开冷漠的夜幕
让大地
腾飞出一丛灿烂火红

你用一个人无私的爱
打造的生命与大爱的标杆
撑起了一所城市的天空
我们的城市
将因你的出现
走向纯洁、成熟与厚重

在丛飞去逝前的四个月,也就是2005年的冬天,我带的综合实验和网络实验班两个班的同学还集体去了一次贵州。在那次由我命名的"冬日历炼,向大山索要成长的感动"冬日手拉手感恩实践之旅的活动中,我们全体师生在贵州整整呆了一周时间,一周时间里,同学们通过与贵州贫困山区的孩子们一起生活、学习的过程,深深地感受到了自己生活与学习条件的富足,也深切地感受到了贫困山区孩子们跟自己相比,他们太需要帮助。那次活动中,许多孩子几乎把自己所有的零花钱都捐给了自己所结的对友。回来以后,无论是老师们,还是家长们,都明显感觉到,这次感恩之旅,让同学们的心都变软了。

素养与语文　大都市环境中的素养语文实践

那次活动虽然没有去丛飞帮助过的贵州省织金县，但是同学们还是听说了丛飞帮助那里的多个孩子读书的义举。因此，回到学校后，同学们就对丛飞的事迹和病情的报道特别关注。只可惜因为那时正好临近期末，同学们都要备战期末考试，再加上去贵州也耽误了一周的学习时间，我就没有再用集体的方式去引导同学们关注丛飞和他的病情。尽管如此，我还是发现同学们私下里有意无意地谈论与丛飞相关的事，谈论他的病情，有的同学还打算一放假就自发组织去医院里看望丛飞。

2006 的新学期开学第一天，一件意想不到的事发生了。那天我面带微笑去网络实验教室上新学期的第一节语文课，还没走到教室，就见"电脑大王"郑浩迎上来。他向我请求一件事，问能不能这节课先不上新课，让同学们看一个视频节选。我问是什么样的视频节选，他说，老师你肯定会答应的，这个视频节选是丛飞在 2005 年颁奖晚会上获奖的场面，很感人。我当然知道感人，因为春节期间我从电视上看直播时，曾经泪流满面，我当时想，要是我的学生们都在看该有多好。我没有想到的是，班上公认的"电脑大王"加"热心肠"郑浩竟然把这件事想到了我的前面。我立刻答应了。

网络班的学习条件是全校最好的，每个同学每天都随身携带着价值上万元的手提电脑。郑浩早就在假期将视频处理好了，放在自己的电脑里。课堂上，当新学期第一次坐在一起的同学们看到一袭白衣的丛飞挥手走进颁奖场地中央时，一时掌声齐发。"2005 感动中国年度人物"颁奖晚会现场，组委会送给丛飞这样一段颁奖辞：

从看到失学儿童的第一眼到被死神眷顾之前，他把所有时间都给了那些需要帮助的孩子，没有丝毫保留，甚至不惜向生命借贷，他曾经用舞台构筑课堂，用歌声点亮希望。今天他的歌喉也许不如往昔嘹亮，却赢得了最饱含敬意的喝彩。

当听到主持人给同学们心中的英雄丛飞如此高的评价时，很多同学都眼含热泪。现在，郑浩和他的同学们早已离开了母校，可是每每想到这个开学第一天的"意外",我都感慨不已。我还记得当天下课后,我临时决定,让郑浩带着他的手提电脑去给综合班的同学们也放了一遍视频节选,效果也是一样的好。而这之后,我从同学们的口头上、作文中听到见到"丛飞"这个名字的频率也越来越高。随着媒体上对丛飞事迹和病情的报道密度越来越大,同学们的关注程度也越来越高。有的同学们还跟父母一起去丛飞所在的医院里,为病榻上的英雄送去了祝福。

2006年4月20日晚上8点40分,同学们心目中的英雄,我们城市的爱心大使在与病魔顽强抗争了近一年之后,与世长辞了。那一刻,整个鹏城的人们都在为之悲伤,人们都在为痛失这样一位让城市增光增色的爱心义士而悲痛。我的学生们通过电话、短信和QQ留言的方式在第一时间传递了消息。我的网站负责人付嘉文,问我要不要在论坛上开一个"丛飞墓志铭"栏目,好让同学们留下最想说的话,我欣然同意,与此同时,负责网络班班级博客的郑浩也告诉我说,他们的班级博客上也开设了"送别英雄——为丛飞留言"栏目。那天晚上,从九点到十二点,我看到同学们分别在网站的栏目上留言,写下这些感人肺腑的寄语:

一个人活着,有很多方式可以给人生命的印象,你给我们留下的是歌声、笑脸和爱心,这三样东西,只有心胸最开阔、精神最崇高、思想最无私的人才能同时留下。

——付嘉文

微笑着你走了,正如你微笑着来。你灿烂的微笑照亮了一群被你关爱过的孩子,你灿烂的微笑照亮了一座城市的角角落落,你灿烂的微笑照亮了生活在这座城市的每一位公民的心。

——李维佳

你在歌中唱:只要你快乐,只要你幸福,只要你圆上了好梦,我就不辛苦。只要你开心,只要你如意,只要你回头一笑,我就很知足。是的,你该知足了，因为你给那么多人带来了快乐，你给那么多人带来了幸福。

——吴　迪

　　无论你走大路，还是走小路，一个人走路，前后都是孤独。无论你挑日落，还是扛日出，我与你同行，前后有照顾。这也是你的歌，现在我用它给你送行，只想让你知道，无论你走大路，还是走小路，我们都将与你同行。

——乔　静

　　什么是英雄？我从书本学了一遍又一遍，可是对英雄的理解仍然很空洞。然而你的出现，让我一下明白英雄的含义。爱就是英雄，奉献就是英雄，无私就是英雄，顽强就是英雄。你是我心中永远微笑着的英雄。

——郑　浩

　　安息吧丛飞，这里的椰树将为你遮荫，这里的海风将为你送凉，这里的木棉将为你织锦，这里的海涛将为你歌唱。安息吧丛飞，所有的人都会为你祝福，所有的楼房都将是你的丰碑，所有的微笑都是你撒落的花瓣。

——黄雁捷

　　你走了，为这个季节留下了永远春天般的记忆，这个季节应该命名为"微笑季节"。你走了，为这座城市留下了永远芬芳的记忆，这个城市应该命名为"爱心城市"。你走了，为这里的人们留下了永远美丽的记忆，这里人们应该为你命名：爱心大使。

——张南泽

　　丛飞，你用你短暂一生的无悔行为，为这座城市的人们树起了一座伟岸的丰碑，你用你的生命告诉这里的人们，活着不是索取，而是牺牲，你用你的歌声告诉我们，幸福只是一种给予后的满足。

——白雪菲

那天晚上，我在阅读同学们的留言时，想着自己为丛飞的留言，最终，我在同学们自设的专栏里写下了这样一段话：

谢谢你，丛飞，你帮助我把一个平时作为老师最难具体化的东西具体化了，这个就是"什么是大爱"。你用你短暂的生命，谱写了一首大爱篇章，成就了学生人生课堂上可以阅读和享用一生的教材。

从"围屋故事"到对城市本土文化的尊重

2004年2月9日出版的全国"中语会"会报《语文报》初中版的头版位置上，刊载了一篇署名为"春节·添位"的文章。这是一篇特别的文章，作者徐俊子是一位土生土长的深圳客家女孩子，围绕着这篇文章，在我的语文课堂上发生了一个关于客家习俗文化的故事，这个故事令我数年来一直回味无穷。这篇文章也引发了唤起了学生们对深圳本土文化的尊重。

深圳是一座新兴的移民城市，这座城市每天都在吸引成千上万的全国各地人来到这里创业和生活，相对国内一些以本地人口为主的大都市，这里的人们百分之九十以上为外来人口。因此和世界上所有新兴移民城市一样，这里充满着一种看不见的包容性。五湖四海，天南海北，大家聚到一起，工作、学习、奋斗和生活，彼此融洽。这也是这座城市最吸引人的特质所在，它给所有人的感觉，就是走到街上，四处洋溢着亲切感。但是生活时间长了，我也发现了另一个现象，就是这座城市似乎对本地人和本地文化的认识偏少，甚至可以说骨子里有一种忽略成分在其中。

比方说，有时朋友聚在一起，大家偶尔相互认认老乡，寒暄两句各自的来历时，一般本地人在说到自己是本地人时，似乎眉宇之间总不时流露出一份矜持。对于当地人这种微妙的低调表现，我后来向在这里生活的朋友们求证，他们证实了我的感觉，他们说大家的感觉都一样。他们认为这跟深圳的历史有关。改革开放之前，这里只是一个小渔村，因此在外来者眼里，他们一提到深圳本地人，都觉得是跟没有什么文化联系在一起的。再加上改革开放以后，很多本地人靠的是租房卖地迅速富裕起来，这对于不少自以为是靠奋斗起家的外来人而言，本地人靠的不是自己的实力，久而久之，对本地人的偏见也或多或少在这座移民城市有一定市场。时至今日，你只要打开互联网，还是可以看到一些对"深圳本地人"说三道四的帖子，而对于"深圳是文化沙漠"的看法也一直不少。

我进一步了解到，深圳地区的本地人主要以潮州人和客家人为主，其实从严格意义上讲，两者都不算是地地道道的深圳人，也可以说两者都是深圳这个地方最早的移民，但是当初的移民和现在的移民不一样，后者是为淘金而来，而前者多是为了生存而无奈地迁移。中国近代连年的战乱造成的贫穷，和新中国成立后这里的交通不便造成的关注不够，基本上使这里的本土居民生活相对封闭，这也造成了他们受教育程度不够。而自改革开放迅速让这片昔日封闭和平静的土地热闹和发达起来以来，物质生活得到了极大改变，但是长期封闭环境下造成的性格，还是残留在他们身上，这造成了本地人处事低调。但这并不等于说，深圳这个地方没有自己的历史，没有自己的独特的地域文化。

我没有想到的是，这种对深圳本地人和对本土文化的偏见，也偶尔会发生在下一代人身上，而这种偶尔，促使我带领学生开展了一系列围绕"了解本地人和发现本土文化"的系列语文活动。

2004年下半年，新教材设置有民俗文化单元，我打算用一周的时间来带领同学们好好走近中国的民俗文化。有一节课上到一半时，接下来的任务是请深圳土生土长的同学来为同学们介绍一下深圳本土的风俗人情。我在班上询问谁是土长土长的深圳人，可是过了好半天，竟然没有一个同学举手。这时一个平时喜欢信口开河的同学张口就道："老师，班长就是本地人，客家土著。""土著"两个词他发音很重。他的话音未落，全班同学的目光都齐刷刷看向班长。班长是一位女生，叫徐俊子，是一个平时老师和同学们都很喜欢的同学，而这时的徐俊子，满脸通红。"老师，深圳哪有什么风俗文化？深圳不是文化沙漠吗？……"

我狠狠地看了那个信口开河的男生一眼，我走向徐俊子。

"俊子，你是本地人吧？"我问她。

"嗯，我老家就在龙岗区，从小就生活在那里。"她说。

"客家人？"我又问。

"是。"她说。我之所以这样确认，是因为许多同学只知道客家人是本地人，但是许多同学并不知道客家人也是汉族，而我相信教室里百分之九十以上的同学都是汉族。

"同学们知道客家族是什么民族吗？"我问同学们，全班没人知道。

"是汉族。"我大声说，"是汉族的一个分支，一个特殊的分支。"

"啊？"全班同学都很惊讶。

"是的，同学们，我再问同学们一个问题，"我的目光看向每一个同学，"你们知道这个'客'字的内涵吗？"

"不知道。"大多数同学都在摇头。

"这个'客'字，本意是客人的意思，在这里'客'字的意思是'客居''迁徙'和'漂泊'。"我走到那个信口开河的男同学身边，望着他说，"同学绝大部分是汉族人，如果汉族中有一个最值得尊敬的分支的话，就数客家分支了。因为客家人正是历史上为了生活和生存，因为各种原因辗转迁移的汉族人。在历经各种各样的苦难后，他们终于在全国各地寻找到属于自己的家园。所以，客家人，事实上是忍辱负重、勤劳和奋发图强的代名词。所以，我们平时说客家女人是最会持家的女人，客家男人是最能吃苦的男人，就是在这样的背景下得出的结论。因此，作为一名客家人，值得骄傲，为祖先，也为我们自己。"

教室里响起了热烈的掌声，徐俊子的脸上洋溢着幸福感和自豪感。

小插曲结束后，我请她为全班同学讲讲同学们一无所知的客家民风民俗时，她几乎是想都没有想就站起来，说："我给同学们讲讲客家的围屋吧。"接下来，她兴致勃勃地讲起了龙岗的围屋，这些围屋现在保留下来的大概就有一千多间，无论是数量还是规模，都要远远超过正在申报联合国历史文化遗产保护的开平碉楼。围绕围屋，她还给同学们讲了许多鲜为人知的客家人的风俗风情，讲起了身为族长的爷爷，讲起了这里人们的方言、饮食和春节。最让大家感兴趣的是她给同学们讲述去年春节她亲身经历的一件让她终身难忘的大事件：添位。

面对这个同学们听也没有听说过的词眼，徐俊子带着满脸的幸福和感动，娓娓道来。原来，客家人在漫长的迁移中，逐渐形成了自己独特的习俗文化。"添位"就是其中一直保留到现在的传统习俗。客家人由于生存的需要，自古形成了重男轻女的封建思想，男孩子一生下来，就要在祠堂里供上一个新的牌位，并点上一盏永不熄灭的长明灯，牌位的设立和点燃这盏长明灯，就表示他已经是族人中的一员，这就叫作"添位"，而从此，不论这个人在哪里，他的灯都会有专人守护，添油加芯，直到他生命的结束。而女孩子，则只能到年满十二岁的春节，才能由全体族人为她进行"添位"。这也是一个女孩子一生的大事情。

徐俊子去年刚好满十二岁，因此去年春节回家的时候，由身为族长的爷爷亲自组织族人为她进行了"添位"仪式。她所讲述的"添位"的隆重而感人的场面，让每个同学都听得瞠目结舌，而伴随着徐俊子的讲述，他们一起和徐俊子体会着"添位"时全体客家族人隆重而虔诚的古老礼仪，分享着亲人们发自内心的真诚祝福，有几位女同学跟着她一起流下了幸福而激动的泪水，仿佛接受"添位"的不只是徐俊子，还有她们自己。连我自己也没有料到徐俊子会讲得这么好，客家人的文化习俗会具有如此强的感染力和吸引力。那节课如果不是另有任务，我真想让徐俊子一直为同学们讲下去。

徐俊子讲完后，两个男同学先后站起来对我和同学们说："我俩也是客家人。只不过从来没有享受过'添位'仪式，真羡慕班长啊！"我笑着说："这下知道自己是客家人的好了，不过身为客家人，已经就是幸福的事了。"那个课堂上信口开河的同学也站起身来，不好意思地说："老师，客家围屋这么有趣啊，我原来真以为深圳本地人什么都不懂，深圳这里什么历史文化也没有呢！"我就以批评的语调开导他说："这下明白什么叫不懂就不要瞎说的道理了吧！

据我所知，深圳这里除了客家围屋以及古老的客家生活习俗非常吸引人外，还有很多非常值得尊重的本土习俗、古迹，这里面包含有很多当地历史，都非常值得我们去研究和发现。就拿我们南山来说，就有中国最古老的南方海疆之城——南头新安古城，还有鸦片战争遗址左炮台，有同学们只从古诗里了解到的爱国英雄笔下的零丁洋，这里有渔民们世世代代都信仰的妈祖庙和妈祖文化……"

"老师，还有帝王陵。"有一个同学插嘴道。

"帝王陵？"同学们有些半信半疑。

"给同学们讲讲。"我示意这个同学往下说。

"我家就在南山赤湾，原来在赤湾小学读书，学校旁边就有一座很老的'宋少帝陵'，据说还是广东一带唯一的帝王陵呢！"这位同学说。

"是的，"我补充说，"这里记载着一段亡国史，还记载着一位以身护主的爱国英雄的名字——陆秀夫。这些，同学们都可以去了解。而整个深圳，也许还有更多的本土风俗风情和历史文化值得同学们去发现和研究。"

最后我对同学们说："深圳虽然面积狭小，虽然这里原本只是一个小渔村，并不等于这里的人什么都不懂，这里的土地上什么也没有。相反，这里的本地人用他们自己的朴素、智慧和勤劳，为这块曾经的不毛之地、弹丸之地留下了许多美好而珍贵的东西，这里的本地人和本土文化，对于我们每个外来人来说，都不容忽视，不容无知，不容轻慢。而作为未来的深圳人，我们也会成为这里的本地人，尊重本地人和本土文化，也是尊重我们所热爱的城市，尊重我们自己。"

两天后，我在批徐俊子的随笔本时，看到她写的一篇文章，题目叫《客家围屋》，写的就是她亲身经历的春节"添位"的事，写得十分动情。修改后，我帮她打印出来，张贴在班上的语文园地里。

去年冬天，梅花繁盛，我十二岁。这年的春节，我和家人在最原始最独特的居所——客家围屋，度过了一个团团圆圆的春节，对我来说，是我一生中最

素养与语文　大都市环境中的素养语文实践

难忘的一个春节。

我家是徐氏正统，爷爷既是村里的头儿，又是全族的族长。凭着我当时童稚未脱、人见人爱的小脸蛋儿，在这偌大的徐氏家族中，老人孩子们都认识我、喜欢我。那年春节，整个村子的人几乎全到了我家的围屋，我家变得热闹非凡。家家的男女老少都给我添红包，我的小挂包装得满满的，手捏着一个个小红包，我的心中既高兴又惆怅，因为来年的春节，我的小挂包里将不再会有红包了。按照客家人的传统习俗，男孩子一生下来，就添位点灯，这表明他已成为家族中正式的一分子，而女孩子则不同，须在年满十二岁以后方可在春节举行添位点灯仪式。每个孩子十二岁以后，都不再接受红包了，这表示已经长大成人了。

虽然来年春节红包将不会再有，我在惆怅之中还是兴奋地等待着添位。添位前，德高望重的奶奶带着家家户户的女眷们来到弄堂里布置起来。鸡、鱼、猪肉都是最基本的奉食。另外家家户户还会端来一盘盘刚出笼的热气腾腾的年糕，摆上八仙桌。霎时，年糕的香味把肉香酒气全压了下来，整个弄堂里都弥漫着香喷喷的年糕的气息。

午时一到，爷爷带着全村的人进了弄堂，偌大的弄堂也变得拥挤起来。稍后，爷爷大声宣布添位开始，并庄重地在众多牌位前添上一个崭新的牌位。我按照大人们的吩咐，默默地站到高高的木梯上，为自己亲手点上"长命之灯"，从此，我便将接受族人们的百家香火了。点完灯后是祝福仪式，当我庄重地站在自己的牌位前，面朝大家时，只见族人们各手持一柱香，面带微笑望着我，口中念念有词。我知道，面前的每个人都在为我默默地真诚祝福。面对此情此景，我的内心深处突然感到一种莫名的沉重，一种从未有过的厚重的责任感瞬间涌上我的心头。激动之情，真是难以言表。

集体三鞠躬后，弄堂外面挂起了长长的鞭炮，几乎挂满了弄堂前的所有空地。一会儿，几个年轻的小伙子争先恐后地逐一点燃鞭炮，随着鞭炮噼里啪啦地炸响，气氛很快达到了高潮。弄堂内，香火正旺，弄堂外，鞭炮与锣鼓声此起彼伏。身在其中，我好不快活。

不知不觉，我将自己融入了欢乐的人群中。欢乐中，我知道自己长大了，而我的身后，漫山遍野的梅花正悄然绽放开来，映衬着我们客家围屋里红红火火的春节。

这篇文章后来被我推荐给了语文报的编辑，不久就以《春节·添位》的名字刊发在了头版位置。这件事以后，同学们对深圳本地人和本地生活习俗的兴趣和热情也明显高涨起来。这也促成了我和同学们开展一系列关注深圳本地人生活方式和深圳本土文化的语文活动，这种关注最终发展成为对深圳这座城市过去和现在的风俗风情和文化现象的发现和研究。关于这些活动，我还会在其他章节和其他城市语文教育系列专著中提到。

徐俊子毕业后，她的故事和她的这篇《春节·添位》也时常被我拿来作为一种特别意义上的教材，每一届同学学习"民俗文化"这个单元时，徐俊子的故事和她的文章更是会被我摆在一个重要的课堂位置上。她的事和她的文章，成为我用来唤起同学们对本地人和本土文化发现和尊重的永久语文教材。

从这个意义上讲，我要感谢这位善良而美丽的客家学生。

故乡，每一个深圳人心中最柔软的去处

人的生命，我想应当扎根于家乡的某个地方，因为只有那里，你才能感受得到深沉与深情的血脉。对于那些为命运拼搏的奋斗们来说，那里有他们最想听到的萦绕在耳畔的乡音。有朝一日，当你见多识广或者功成名就之时，故乡的情感，依旧是那份熟悉的特殊的情感。天文学的绝妙之处在于，无数个星星，都属于同一片天空，同一个故乡。

——乔治·艾略特

对于这段文字，许多年长一些的人可能熟悉，这是摘自一部描写美国独立战争时期的电影片头的一段引述文字。对于这段文字，作为一名远离故乡的人，无论何时何处，每当咏诵或在心里默念起，我的心头总会有浓浓的乡愁的滋味在萦绕。身处异乡，难免在工作和生活中遇到这样那样的得失，酸甜苦

辣，喜怒哀乐，都时常会在不经意的时候走进一个游子的心中，也能轻而易举地击中我们脆弱的心灵。而无论获得成功，还是承受失败，无论是品味惊喜，还是吞咽失落和悲伤，我总会不自觉地想到故乡，只要一想到故乡，就感到身上有一股力量，这种力量，让我成功时不会过于轻狂，失败时不会过于沮丧。对一个游子来说，故乡既是我们心中最柔软的去处，也是我们心中最坚强的依托。

我对故乡的这种情感，相信也是所有深圳游子共有的情感。深圳是一个创业者和追者梦的理想地，也是漂泊者和失落者的集散处。可以这样说，在这座城市里，每一个移民者的心中都有一个最柔软的去处——故乡。

作为一名深圳人，也作为一个移民，更作为一个新兴移民城市的语文教师，我从一开始就一直怀着这样的认识和想法。如果要从这座城市寻找并筛选与语文教育相关的最有价值的城市特有教育资源的话，深圳绝大多数移民者心中怀有的乡音和乡情，应该为最。这既是一种社会文化资源，也是一种无所不在，而且随时可以点燃并引起强烈共鸣的难得的语文教育资源。基于这种认识和想法，我在深圳当语文教师的这些年中，几乎每一年都要寻找各种机会或者创造各种条件，带领学生开展与故乡和家乡相关的语文教育活动。

这其中，最值得一提的是两种尝试：一是把方言展示和交流活动引入语文学习中，通过各地方言的碰撞与交流，来展现各地方言与众不同的魅力，从而激发孩子们对故乡或家长的热爱情感；二是围绕与故乡有关的教学活动，引导同学们开展回望故乡的语文说写活动。通过这项活动，让同学们异地观察故乡，把对故乡的感情具体化、真实化。这两样借助深圳作为移民城市的独特而共性率最高的城市资源背景下进行的语文教育活动，是我一直以来的"保留"内容。

第一种尝试是我和学生做得最平凡的。结合课堂上开展方言穿插性朗读和说话活动是我们经常开展的活动之一。深圳这座城市的官方语言应该是两种（当然这样说也可能值得商榷），一种是普通话，另一种我认为是粤语。深圳的普通话可能与北京，更和别的城市有着根本性的不同，就是这里的普通话显得异常混乱，可以称之为"非典型普通话"，为什么这样说，因为每个人的普通话都带着或多或少的乡音，所以也可称之为"具有深圳特色的普通话"。而另一特别的现象，大家在公开场合又不爱说方言，一是听不懂，二是怕丢人。所以好多在深圳出生的下一代都几乎不会说家乡的方言了，这反而让人忧虑，一个人最终连自己家乡的方言都不会说了，何谈乡情？

这项活动时不时开展，往往在调节语文课堂教学气氛的同时，也时不时将方言同普通话进行了对比，这种对比既突出了方言表达的不同之处，让同学们认识方言存在的价值和意义，同时也让同学们对普通话的标准发音有了进一步认识，因此称得上是一举两得。

另外的活动，是针对方言表达专门开设的"方言专题交流课"，这项活动往往根据专题的不同名称也不同，如"方言同说一句活动""方言辩论会""方言文言文朗诵会""方言诗朗诵"等等。其中最值得我回忆的是"方言地方戏剧表演对话"。这个活动的缘起归功于一个叫赵思蔓的四川籍女同学，这是一名学习成绩虽然不怎么优秀，但是性格开朗大方，不拘小节的女生。有一次我和同学们一起学习教材中的四川地方戏剧本《变脸》，当时在朗诵这个极富地方特色的剧本时，同学们都用普通话朗诵，效果平平。下课后，赵思蔓问我，老师能不能找几个同学用四川口音朗诵？效果肯定比普通话好。我马上觉得这是一个好主意，我问她班上有几个四川籍同学，她说有三个。但是剧本中有四个角色，怎么办？她推荐了一个武汉籍的同学，说武汉话也差不多。

第二天一上课，几个事先排练过的同学就上台表演了，带着浓浓的四川话朗诵的《变脸》果然跟先前普通话朗诵表现得完全不一样，人物的形象一下子活灵活现起来，课堂上弥漫着一股浓厚的四川方言味道，同学们也完全被方言带进了剧情之中，笑声也不断回响在教室里。这次表演结束后，其他班级的老师听到我的介绍后，也都在自己班里请四川籍学生重新朗诵《变脸》，都反映效果好。赵思蔓一下子成了全校的大名人，四川籍学生也一个个倍感自豪，课间，学校走廊里时不时能听到见面故意模仿四川话打招呼的声音。这种情境一直持续了将近两三周时间。

第二种活动相对于方言资源的利用，往往是在特定的时候开展。譬如每一届学生在学习鲁迅的《故乡》时，再就是在学习上一节提到的"民俗文化单元"时才有针对性地开展。而每一届学生在学完"民俗文化单元"后开展的"回望故乡的民俗民风"写作活动，都是我最期待收获的时候。

张雯杰的老家在黄河边，她在《根》一文中这样写她对家乡的怀念：

我是喝黄河水长大的孩子。周末，我常和哥哥姐姐到黄河滩玩。光着脚丫，踩着脚下被黄河水冲刷得光溜溜的鹅卵石，好舒服呢！捡起一块浑然天成的奇石并非一件难事。石头上天然形成的"画"胜于名家之作，五颜六色，奇形怪状。亦或是寻找一块扁扁的石头，打入水中，溅起几个水花，这是"打水漂"。经过我的不懈努力，最多能打六个呢。那儿的黄河还算平静，我们可以触摸黄河水，甚至有人下河游泳。现在想想，捧起一汪黄河水，是多么神圣啊！

虽然在家乡生活了十二年，但全家都不是正宗的洛阳人，我没学会家乡话。家乡话比较易懂，和河北话有些相似，说起来都带儿化音、卷舌音，是比较具有代表性的北方方言。在我刚来深圳的时候，同学总说我后鼻音很重，在长期的"熏陶"之下，我的家乡味儿已经变得差不多没有了。

说实在话，比起深圳四季如春的温暖气候，我更喜欢家乡的四季分明。那儿不仅有炎热的夏季，还有让我感受寒冷的冬季。听到有同学说从来没见过雪，我都替他们遗憾。他们无法感受到那刺骨透心的寒冷；他们无法感受到一早起来拉开窗帘时屋外已变成银色世界时的惊喜的心情；他们无法感受到当你摘下手套触摸白雪时虽冷得让人无法忍受却又欣喜的感觉。我为我生在这样的环境中而感到幸福。因为那一切，我都能感受到。

成紫晗老家在湖北，她在《老家的年味道》中这样写家乡的年味道：

除夕的时候，年纪小的孩子要去厨房洗澡，听说这样可以洗掉一年的晦气，然后换新衣服，大家一起聚餐之后，围在火炉旁等着看新年联欢晚会，在新的一年带来之前，都不能睡觉，要和家中老人一起守岁，在00：00时，也就是新的一年到来的时候，一家人要去门外放鞭炮，当鞭炮全部放完后，新的一年算迎接来了，一年的运气就格外旺。

高博是太原人，他在《汾河，我的梦》中这样描写汾河的农村生活：

在我刚有记忆的时候，我记得汾河的边上还是一片一片菜地，其中有一片菜地是属于我姥姥家的。在我的印象当中，我记得有一次跟姥姥和表姐去采黄豆。在姥姥的菜地里，她们找来找去，看有没有黄豆，而我则跟在表姐后面，检查表姐已经摘完的黄豆荚，到了最后，我们把所有的黄豆都采完了。看着姥姥和表姐每人一大袋子黄豆时，我把手上仅有的两个黄豆荚给了她们。我有些不好意思，但更多的是不甘心，不甘心她们采的比我多，虽然她们比我大得多（我当时是一个极为好强的孩子）。

付嘉文是北京人，他在《冰糖葫芦串》中这样描述他甜滋滋的回忆：

要说正宗，所有小贩卖的冰糖葫芦几乎都是正宗的，反倒是有包装，食品厂批量生产的才不是。因为冰糖葫芦本来就是民间的大众食品，一支冰糖葫芦从蘸出来到被吃下去的时间不到半个小时。

冬季的冰糖葫芦，一般都是山楂做的，酸里带甜。北京的冬季，小孩子们手中拿的不是冰糖葫芦就是一串鞭炮，乍眼一看，都差不多，父亲有一次没戴眼镜，差点把我手中的鞭炮吃下去……

夏天的冰糖葫芦，则是以山药的为多，甘甜，去火，解暑。记得一二年级在北京念书，家长接送的时候，几乎是人手一串冰糖葫芦，这可把小贩儿乐坏了，爷爷还开玩笑说："我也去卖冰糖葫芦。"

如今，在深圳，也能偶尔见到扛着桩子卖冰糖葫芦的小贩儿，不过只有山楂的了。买过，味道没变，可分量却少了些。

我自己也做过冰糖葫芦，用微波炉把冰糖熬化，用竹签穿好山楂，蘸上糖浆，用空调吹凉。尝了尝，是那个味道没错，不过浪费了半袋子冰糖……那些小贩或许是熬了一大锅的糖浆，一次蘸上几十上百串吧。

谢方正来自粤北韶关仁化，他表达的是对《仁化的咸菜》的特有留恋：

仁化的咸菜，除了有下饭的作用之外，更可当作开胃的小菜。而咸菜中，有相当一部分是酸菜。仁化的酸菜，颇有那么一点儿泡菜的意思，又有一点儿盐咸菜的味道，可谓是结合了二者的长处。而且，这种酸菜可以在空闲之余当作小菜来细细品味。有朋自远方来，不亦乐乎。主人会很热情地拿出酸菜来招待客人，并且会说："好野！"一般来说，酸菜以酸萝卜、酸窖头、酸豆角为主，最近一次回仁化，还吃了一次酸莲藕。如果你有机会去仁化的话，尽量少吃酸窖头，因为那是跟生蒜一个德行的东西，吃完以后就会像广告上那样说的——有口气，就要处处受气。当然，如果不小心吃了，也不是不能解决问题，喝一杯牛奶就可以消除口腔中的臭气。

这种酸菜的配制过程谈不上复杂，但比较精细。先拿白醋兑盐水，一定要按照一定比例来配制，然后放几头熟蒜进去，先闷上几天，再打开盖子把准备拿来腌制的萝卜啊豆角啊啥的扔进去，放在阴暗干燥的地方十天半个月，这要有一定的耐心，毕竟冰冻三尺非一日之寒。泡菜用的是特制的坛子，外表看上去和煲中药的锅很像，但肚子比较大，盖子密封采用了水密封的方法，如果密封的时间不够长，密封得不够严，泡菜就很难成功。这种坛子在仁化很多人家都有。

家乡的人喜欢从坛子里夹几根酸菜搁碟子里，端到客厅一边看电视一边用牙签插着吃。味道简单评价一下：口感很脆，水分感觉很多，尤其是酸菜汁喷出来的一瞬间感觉到的不仅仅是味道，还有感觉，这种感觉只可意会，不可言传。很遗憾不能给大家描述出那种感觉。酸酸的，比较刺激口感，让人有吃完还想吃的感觉，真的是很过瘾。

张粤是广东人，他在《曾经的荔枝林》中既表达了对家乡和怀念，也流露出了某种忧思：

不管是村民，还是我们这样的外来户，都是爱极了这片密密的荔枝林，我们享受这片林子，享受它的秋与夏，也享受它的虫声与果实。而所有这些美好得像诗一般的事物，连同我们所有的享受，都随着推土机与伐木机的响声戛然而止了。

今天，你无法想象当年荔枝林的郁郁葱葱，无法明白我对这片荔枝林独有的感情。你能见到和能懂得的只有水泥、瓷砖、钢筋混凝土，你能看到的只是"88 洗浴中心""77 超市"抑或是栽葱式立起的让人窒息的房屋。

我时常想，一个坐在水泥台阶上的人看到的月光大概是永远不能比得上坐在松软的草地上看到的月光的感觉的，同样，一个生活在高楼大厦里的孩子，也不可能拥有一个生活在荔枝林里的孩子的童年。正如鲁迅所言，他们只能看到院子里四角的天空罢了。现在的孩子当然不会理解我心中的荔枝，他们眼中的荔枝不过是个圆的、粗糙的、美味的红球罢了。

说到月光，我忽然又有一种莫名其妙的感觉：我才想起，我不知多久没望到月亮了，也许我的记忆里只有天花板上刺眼的电灯，但在我看来，那只是我心中早已跟消失的荔枝林一样死去的月亮……

曾荣获深圳读书月活动表现自己家乡特色的客家习俗中学生作文大赛第一名的何天扬，是一位来自江西赣州的客家女孩子，她听说了徐俊子的故事，读了徐俊子的《围屋春节》文章以后，一直梦想着写一篇更能表达客家文化的文章，为此，她还去书城呆了一个下午。最终她在她的题为《客家山歌，我在城市生活中不变的寄托》的文章中写道：

我是一个客家人，所以这份寄托又成为我对于家乡，对"根"和"叶"的寄托。客家山歌据说是唐宋时期楚人南迁与土著文化融合而诞生的。"或歌池塘之句，或为幽兰白雪之曲，或咏秋风黄竹之章。莫不同祖风骚。妙谐音谐。"——山歌本是人们对大自然乃至旷野，乃至天空的颂歌——自然会被赋予不同的力量，那种能穿透大山直击人心的力量。自然的力量，亦是山歌的力量。

作为一个客家女孩，在十三岁之际终于找到了这份寄托，当面对高楼林立的城市时，总会感到山歌又荡漾起来，如震颤的沙砾，拼命穿透比山更坚硬却又更冷漠的城市里的高墙。楼道间冷漠的脚步声又会因为山歌的冲击与包容而消失殆尽。我终于可以把心中对这城市的陌生所引发的惆怅以及压力，彻彻底底地交给山歌。面对一堵白墙，清唱一曲山歌，你会觉得原来"阳春白雪，下里巴人"都是如此美好。

何天扬在文章的结尾处又表达了自己对家乡的祝福：

愿时空无限，愿山歌永远！愿十五岁伴着这份对故乡，对客家山歌的寄托开得更加灿烂，愿客家人和客家种族因这特有的寄托，在民族的丛林中越走越远。

同学们笔下的这种对家乡的独有情怀的文字，是我时常拿出来读的文字之一，有时对我来说是一种回味，有时则更是一种慰藉，虽然孩子们由于阅历的关系，对家乡的理解不如大人们的深沉和成熟，但是这是属于他们的文字和情感世界，是他们作为移民城市创业者漂泊者后代们的独特心声，这种心声可以在让他们回望故乡时，思考现在，在对故乡的情怀不变甚至越来越浓时，反过来增添对现在所生活、成长的城市的理解和热爱。从这个意义上，利用这种移民城市所独有的教育资源来引导和教育他们，是有现实意义的。

2007年夏天，我将同学们这些关于抒写乡情的文字整理成册，并借鉴张雯杰同学的作文题，将这本厚重的作文集子命名为《根》，但愿"根"这个观念能永远植入他们的心扉，祝愿他们无论何时何地都有"根"的情怀。

荔枝飘香时，走一走荔枝诗歌的文化古道

"日啖荔枝三百颗，不辞长作岭南人。"这是每一个语文老师都能随口咏出

的苏东坡写荔枝的经典诗句。坦白地说，除了教学的原因，我从语文课本上知道了这两句与荔枝有关的诗和来深圳之前早就跟学生讲解了这两句诗无数遍之外，我对荔枝相关的东西几近一无所知。

后来到深圳当老师以后，我终于有机会平生第一次见到和品尝到荔枝。大概是受苏东坡那两句诗的影响，那次我猛咽一顿后，第二天就感到喉咙沙哑，鼻子直往外冒血，才知道荔枝是不能像苏东坡那样去贪吃的。有这一经历后，我对荔枝的感情冷淡了许多，而且时间长了，我发现学生们对荔枝了解得也不多，即使是本地土生土长的深圳孩子，他们顶多也就多知道一些如"糯米糍""桂仁"以及"妃子笑"之类品种名称，再不就是告诉你谁谁的味道可能更好一些，你要是多问几句关于荔枝的问题，逼急了，他们可能回家就叫爸爸妈妈第二天带上一两筐荔枝送到办公室，吓得我对荔枝的事不再多问了。

后来有一天，我从学校走回家，来到十字路口时，一抬头，发现对面的街口不知什么时候拉起了一个大大的横幅，上书：第×届南山荔枝周暨南山荔枝旅游文化节。我才知道，其实我所在的南山荔枝周及南山荔枝旅游文化节的创办时间比深圳读书月活动还要早一年。此后不久，一位教育界的朋友送我一本深圳南山教育部门的同志编写的《荔枝诗抄》，翻开书来，立刻口瞪口呆，原来这产自南海边陲的荔枝，竟然同如此众多的历代名家的诗文联系在一起，这其中，杜甫、白居易、张九龄、魏源诸公的大名赫然在列，而诗圣杜甫更是为荔枝赋诗众多。这些以荔枝为题的诗文上至梁、唐代下至清代，林林总总，一路咏来，俨然为岭南荔枝用笔墨铺就了一条诗歌的历史长廊，让人叹为观止。

几乎同时，我在网上读到6月18日《老年日报》上一位叫"衣殿臣"作者写的《夏日漫说荔枝诗》的短文，文章这样品味荔枝与诗文的联系：

荔枝以"形圆而色丹，肉晶而味美"闻名于世。远在汉代，大学者王逸便唱出了"卓绝类而无俦，超众果而独贵"的赞语。到了唐代，著名宰相张九龄在其《荔枝赋》中更誉之为"百果之中，无一可比"。

荔枝由于果实甘美，风味独特，纤维甚少，营养丰富，又没有一般水果寒凉过酸的副作用,故此人们食而不厌。唐人郑谷在《荔枝》诗中说:"南荒何所恋?为尔即忘归。"

荔枝形态优美,古色古香,诗人往往把它当作艺术品来欣赏。白居易赞它"红颗珍珠诚可爱""荔枝新熟鸡冠色";韩偓誉之"封开玉笼鸡冠湿,叶衬金盘鹤顶鲜"。曾巩则说:"剖见隋珠醉眼开,丹砂缘手落尘埃。"苏轼更道:"海山仙人绛罗襦,红纱中单白玉肤。不须更待妃子笑,风骨自是倾城姝。"

清朝光绪年间的丘逢甲,对荔枝更是喜爱,作《荔枝》诗百余首,其一云:"紫琼肤孕碧瑶浆,色味双佳更带香。若援牡丹花史例,荔枝原是果中王。"

这一节一书一文的出现,让我感到我对荔枝的态度是不妥当的。原来荔枝竟然与诗文有着这样源远流长的关系。我一直在努力寻找着城市资源与语文教育的关系,可是却对近在咫尺的荔枝和荔枝文化几乎是视而不见,至少这里面有我本人的主观怠慢成分在作怪。联想到同学们甚至本地孩子充其量也只是知道一点儿荔枝品种和好吃不好吃的基本常识,除此之外几近一无所知,我的内心多少有些羞愧。我想到,看来荔枝可以少吃一些,但是对近在咫尺的荔枝文化绝不能就这样一无所知下去,何况,孩子们对教材上那些只能死记硬背的古诗流露的"苦脸",也早就在心里折磨我了。

带领同学们走走荔枝文化古诗栈道的想法,就这样在我心里生成了。几天后,我把主题定为"走一走荔枝诗歌的文化古道",而活动方式考虑年龄和阅历,没有给同学们增加难度和负担,只是要求同学们一找——找与荔枝相关的古诗;二背——尽可能地凭自己的能力多记几首;三接龙——利用课堂空余时间同学们来个荔枝诗接龙活动。我其实玩了一个小把戏,虽然前两个要求较低,但后一个却是一个陷阱。当时我开展活动的这个班也是全年级最好的重点班,学生本身就个个要强,搞什么都爱比个你死我活,在这样的活动面前,肯定每个人都会不甘心背个"连几首诗都记不过人家"的名声。所以,活动安排给同学们以后,我就悄悄等待着那一天的到来。

两个星期后,趁同学们月考结束后比较放松的时候,我利用一节半课时间，将全班同学分为男女两组，开展了"荔枝古诗接龙活动"。接龙比赛的规则也很简单，即按座位顺序进行循环接龙，前面的同学接不上时，后面的同学可以补接，哪个组接龙接不下来，就算接龙结束，然后比哪个组背出的诗数量多，少一个就算输。同时补充两个要求：一是一人可以接背多首，但是不能背重复的诗；二是必须在背诵时说出作者和诗名，说不出的不计数。

"老师，那现代人写的诗算不算？"有人提出疑问，最后统一意见是现代人写的诗算对不计数。

先抽签，抽签结果是男生先来。一阵摩拳擦掌之后，比赛开始了。

桂佳男先出诗：

"一骑红尘妃子笑，无人知是荔枝来"（唐·杜牧《过华清宫绝句》第一首）

罗云鹏接上：

日啖荔枝三百颗，不辞长作岭南人"（宋·苏轼《惠州一绝》）

姚希圣接上：

"盈盈荷瓣风前落，片片桃花雨后娇"（明·徐燉《咏荔枝膜》）

凌宇飞接上：

"甘露凝成一颗冰，露浓冰厚更芳馨"（范成大《新荔枝四绝》）

郑伟杰接上：

"荔子甲天下，梅妃是部民"（蔡襄）

林焕坛接上：

"锦江近西烟水绿，新雨山头荔枝熟"（张籍《成都曲》）

熊立宇接上：

"红颗珍珠诚可爱，白须太守亦可痴。十年结子知谁在，自向庭中种荔枝"（白居易《种荔枝》）

潘聪暂时没接上，汪海天补上去：

"密移造化出闽山，禁御新栽荔枝丹"（宋徽宗《宣和殿荔枝》）

潘聪不服气，又抢接上：

"仙人本是海山姿，从此江乡亦萌蘖"（明·文征明《新荔篇》）

杨楷再接上：

"荔城无处不荔枝"（郭沫若）

陈俊澎接上：

"颗如松子色如樱，未识蹉跎欲半生"（薛能《荔枝诗》）

刘治成接上：

"南州六月荔枝丹"（明·陈辉《荔枝》）

吴迪接上：

"飞焰欲横天"（郭明章《荔枝》）

王伟竹接上：

"红云几万重"（宋·邓肃《看荔枝》）

……

到周志鹏时，却怎么也接不上了，也没有同学再接，男生一共接三十三首，无诗名一首，一首是现代人所做，不算，总共三十一首。男生中有些人在摇头。

论到女生了，第一个出诗的是记忆大王郭逸馨，她一上场就技惊四座，流畅咏诵了白居易的《题郡中荔枝诗十八韵，兼寄万州杨八使君》全诗：

奇果标南土，芳林对北堂。素华春漠漠，丹实夏煌煌。
叶捧低垂户，枝擎重压墙。始因风弄色，渐与日争光。
夕讶条悬火，朝惊树点妆。深于红踯躅，大校白槟榔。
星缀连心朵，珠排耀眼房。紫罗裁衬壳，白玉裹填瓤。
早岁曾闻说，今朝始摘尝。嚼疑天上味，嗅异世间香。
润胜莲生水，鲜逾橘得霜。燕脂掌中颗，甘露舌头浆。
物少尤珍重，天高苦渺茫。已教生暑月，又使阻遐方。
粹液灵难驻，妍姿嫩易伤。近南光景热，向北道途长。
不得充王赋，无由寄帝乡。唯君堪掷赠，面白似潘郎。

没想到她这一带头，后面的女生个个口若悬河出全诗，白雪菲接的是梁崇的《荔枝诗》，也是全文：

露湿胭脂拂眼明，红袍千颗画难成。佳人胜尽盘中味，无意偏教岭外生。橘柚远惭登贡籍，盐梅应合共和羹。金台若有栽培地，须占人间第一名。

伍雅纹接的是杜甫的《赠翰林张学士》全文：

翰林逼华盖，鲸力破沧溟。天上张公子，宫中汉客星。
赋诗拾翠殿，佐酒望云亭。紫诰仍兼绾，黄麻似六经。
内穴金带赤，恩于荔枝青。无复随高凤，空馀泣聚萤。
此生任春草，垂老独漂萍。倘忆山阳会，悲歌在一听。

杨明妍是语文科代表，她当然不甘示弱，再接白居易的《叹鲁二首》，她连续咏诵两首白居易的诗全文，一气呵成：

季桓心岂忠，其富过周公。阳货道岂正，其权执国命。
由来富与权，不系才与贤。所托得其地，虽愚亦获安。
蟁肥因粪壤，鼠稳依社坛。虫兽尚如是，岂谓无因缘？

展禽胡为者？直道竟三黜。颜子何如人？屡空聊过日。
皆怀王佐道，不践陪臣秩。自古无奈何，命为时所屈。
有如草木分，天各与其一。荔枝非名花，牡丹无甘实。

……

其实不用等比赛结果，男同学已经垂头丧气了，光是气势，女生就完全压倒了他们。最终，女同学一共背出六十二首与荔枝相关的古诗，是男生的两倍，有二十二首背的是全诗。女生在这次荔枝诗的接龙活动中取得了胜利。

其实我知道，走一走荔枝诗歌的文化古道这项活动从活动的深度而言，充其量也只是"走一走"，只是一种非常粗糙的感受荔枝文化过程，走马观花式也好，蜻蜓点水式也罢，并不能说就把荔枝文化的关注种子种进孩子们的内心深处去了，但是我想，走走总比不走好，点点总比不点好，我自己何尝不是一个荔枝文化的门外汉，有什么资格去对孩子们要求过多？在这次活动中，与其说是孩子们在受益，还不如说最大的受益人其实是我，因为同学们进行诗歌接龙的时候，坐在下面最心虚的人，其实是我。

一周后，学校组织全年级同学去南山西丽果场开展综合实践活动，自由活动内容是同学们可以自由去荔枝园里摘荔枝。当看到眼前让人垂涎欲滴的荔枝时，这个班的同学不少随口就咏出了一两句与荔枝相关的诗句，引得在场好多老师和其他班同学的刮目相看。我想，对荔枝文化的理解能够这样，就可以了。

守望民族语言，做汉语文化的传承者

作为中国改革开放最早的城市，加之又与国际大都市香港一水之隔，经过这些年的发展，深圳正在成为一座新的国际大都市，这座年轻城市在发展中方方面面所展现的魅力，正吸引越来越多的异域人来到这个城市观光、交流、创业和生活。与此同时，随着社会的发展，深圳人以各种各样的方式走出去的机会也越来越多。在这种大环境下，民族文化与异域文化交流与碰撞也显得越来越频繁，这让深圳走向世界的步伐加快的同时，也无形中为中国民族文化向世界各地的传播创造了有利的条件。

深圳的学校也成了承接文化交流的重要场所。我所在的学校是一所集小学、初中和高中为一体的学校，学校位于后海，毗邻美丽的深圳湾，校园美丽，现代化程度已达到世界水准。因此，也理所当然成了和异域文化进行交流的窗口学校。几乎每年学校都会通过各种方式接待来自世界各地的师生来开展文化交流活动，英国的，美国的，澳大利亚的，加拿大的，马来西亚的都有，2004年，学校还迎来了世界著名大学哈佛大学的师生。学校的师生应邀出去进行交流的情况，也几乎是每年都有，时间长的，可能一去就是半年，甚至一年。不仅如此，通过各种非官方途径出去的也多，自费出去留学的，每年学校都会走好几个。

无论是迎进来，还是走出去，对文化交流来说，无疑都是好事，因为对社会发展来说，这是一种必然。当然，对教育来说，这更是一种难得的、可贵的新型资源，是在改革开放以前我们想都不敢想的，因此，机会难得。当这种现象如此快速地呈现在我们面前时，作为汉语言文化基础传递者——语文老师，我们感到肩上更多了一份沉重的责任，这个责任也引发了我们在传统语文教育之外的更多更复杂和更深入的思考：我们应该把怎样的母语文化通过我们的课堂和我们的学生向世界展现？在进行交流前和交流过程中，我们该怎样从意识上和方法上引领学生？在日常教育活动中，我们应该在对学生进行常规教育活动的同时，还要刻意去关注和契入哪些相关的内容，来培养学生全面的综合文化素养？

因此，以这种交流大环境为背景的语文综合素养的培养活动，也成为了我语文教育中一项重要的教育内容。这其中包括增加对中国灿烂母语文化的了解、关注，也包括对正常的与人交流中的表达，甚至包括与人交流时如何展现不卑不亢的人格，等等。对学生进行综合素养培养，我还将在另外一个与"素养"有关的专题中进行专门阐述，这里不再赘述。总之一句话，为了让学生在面对这样的交流的时候能够不显得被动，我在语文教育中力争去体现"未雨绸缪"这种想法，希望尽可能通过日常教育把许多观念树立在前面，把许多素养培育在前面。

2004年的5月，学校迎来了世界著名大学哈佛大学的师生数十人，这对我们全校师生来说，是一件大事，因为毕竟哈佛大学是全世界最好的大学之一，那里的老师和学生都是全世界最优秀的，能把他们迎接到我们学校，和我们面对面交流，应该说是一次难得的学习机会。我当时带的是一个文科综合实验班，这个班的同学英语和语文的综合素质较高。因此提前就接到了学校的安排，到时会安排五位哈佛的学生到教室和同学们一起上汉语课。上完课后，这五个学生还要分到五名同学的家里，和同学们一起生活起居一天，近距离体验中国家庭的生活方式，直接感受中国文化。同学们知道这个消息后，欣喜若狂。

素养与语文　大都市环境中的素养语文实践

　　很快一个问题就摆在我和同学们面前,这节语文课我们上什么内容?怎样上?这些异国的学生几乎不懂汉语,这个问题怎么解决?我们师生花了半节课集体出谋划策。最后我们选了孔子的《论语》,课题为"有朋自远方来,不亦乐乎?"为了让这次对外展示的特别语文课不至于给五名哈佛学子带来太多的困惑,让课堂能保持轻松,这节课的内容我们事先做了删减,课堂上我们只打算做三件事:一是介绍孔子的生平和他的光辉成就;二是学习包括"有朋自远方来,不亦乐乎"在内的几句《论语》名言;三是和哈佛学子交流汉语文化。关于课堂的个人素养的表现和课堂礼仪,我只是提醒同学们做到平时表现就行了。

　　和哈佛学子共上一节汉语课的日子终于到了。在介绍孔子的生平和他的光辉成就时,台上一男一女两名同学,男生用流利的中文介绍,女生则用流利的英语向客人们翻译,当介绍结束后,几名哈佛同学同时给予了热烈的掌声。第二个环节首先学的是"有朋自远方来,不亦乐乎"这一句,在讲解了这句话的含义后,我进一步诠释道:孔子在两千多年前说的这句话,正体现中华民族自古以来就重视交流,重视友谊,愿意同四海之内的人们广交朋友的美好愿望。这正体现中华民族对待朋友的真诚和善良的一种情怀,是古老的东方情怀。比如今天,我们在这里迎接万里迢迢前来中国和我们进行文化交流的外国学子,和你们坐在一起交流,做朋友,这就是在践行伟大的孔子两千多年前说过的话。几位哈佛学子听后,全体起立,嘴里不停地用英文表达着"谢谢"。

　　接下来就更有意思了,在集体朗诵"有朋自远方来,不亦乐乎"这句话时,几位哈佛学子都在努力跟着发音,同学们忍俊不禁。最后,围坐在周围的同学们三三两两主动教他们发音。直到最后他们每个人都能跟着全班同学一起,用他们含混不清的"汉语"一字一句读出这句话。读完后,有个男生高兴地用英文说,这是他来中国最高兴的一天,因为他终于学会了一句中国话,接着他张开嘴巴,又一字一句地吐出:"有——朋——自——远——方——来,不——亦——乐——乎。"全班同学在被他逗笑的同时,也给了他热烈的掌声。随后我们又共同学习了孔子的另外两句话"三人行,必有我师"和"己所不欲,勿施于人",他们学得兴致盎然,这一节汉语学习课,相信给他们每个人都留下了难忘的印象。

在最后一个环节进行的汉语文化交流中，同学们充分发挥了自己的英语特长，他们用英语和哈佛学子们互问互答，学生们回答哈佛学子关于中国和汉语文化的相关问题的时候，也不忘问他们对中国人和中国文化的看法，更不忘向他们征询哈佛学生的学习和生活状况，表达了他们对这所世界一流大学的向往。特别是在了解到美国人对汉语的热情越来越高，许多州的小学、中学和大学课程里都陆续开设了汉语选修课，而说到全美开设汉语学习的大、中、小学已近三千所时，同学们再次用掌声表达了感谢，也表达了作为一名中国人的自豪。

这次交流比预想的还要成功，同学们在和世界一流学府的学子们进行交流的时候，很好地展现了当代中国城市中学生良好的素质，同时也很好地尽了汉语传递者的义务和责任。从单纯对语文学习的角色来考虑问题的话，这次交流活动如同在同学们面前放了一面镜子，这面镜子就是来自异域的优秀学子们，而镜子反射出的内容，让我们的同学看到了汉语和古老灿烂的中国文化的内在吸引力。在后来，跟来自英国、加拿大、马来西亚甚至我国香港的学生进行了交流，学生们换了一届又一届，交流的效果给我的感觉还是一样，那就是这样的交流太难得，也太珍贵，太值得继续。

和这种迎接异域学子前来交流相反的，是我们的学生走出去。有的是短时间走出去，有的则是长期离开母校，离开祖国去异国留学。这样的情况，我来深圳以后，每年每个学期都要面对，特别是近几年，有时一个学期可会送走几个。面对这种情况，如果只是短时间的，我自然是可以承受的，但如果是长期的话，作为和孩子们朝夕相处的老师，我的心情自然可想而知。但是我也深知，随着深圳经济的发展，随着深圳对外交流开放的窗口越来越大，随着家长们对孩子的教育期望值越来越高，我知道这种情况已经不是个别或少数现象，这已经成为一种无法抗拒的历史潮流。

在这样的潮流面前，作为一名中国的语文教师，我要做的，不是害怕中国文化在孩子们心目中地位的减弱，不是担心对汉语的重视程度一天天在孩子们心中被减轻,甚至被这些走出去的孩子们忘记,而是尽可能地去做我们该做的事,力争尽最大的努力,把作为中国人、作为汉语使用者和作为中国文化的受哺育者,不管走到哪里都不要忘了自己的民族和国家,不要忘了对汉语的热爱,不要忘了对中国灿烂文化的热爱,尽最大所能地植入我们的孩子的心灵深处。

2005年期末放假之前,武月来到我的办公室向我告别,说假期要只身一人去非洲,因为爸爸在卢旺达工作,刚好有十五天年假的机会,他希望武月去那里,感受一下那里的风景、风俗和特有的文化。武月是班上的第二语文科代表,平时对自己要求严格,她这次来我办公室一是来向我告别,二是来问我要语文假期作业的,可以边玩边做。我听说卢旺达的政治局势不稳定,社会治安也不大安宁,一边叮嘱她注意人身安全,一边对她说:"你要去那么远的地方,跟同学们一样的假期作业就不要做了,但是老师特别为你布置一道假期作业。"武月不解地问我作业是什么,我说:"用你最大所能,向那里的人们介绍中国,教那里的人们了解汉语文化。"武月点头答应。

新学期学始后,武月第一个见到我,交上来一个厚厚的笔记本,里面密密麻麻记满了她非洲之行的日记。有风景,有风情,有对当地政治的思考,有对社会环境的真实感受。最让我感动的是,她按我的要求,给爸爸工作单位附近的一所小学的当地孩子们当了一周的汉语教师。在日记中,她详细地讲述了她跟这些孩子们相处的每一天,每一个时刻,以及分别时和当地孩子们的难分难舍情况。我怀着感动读完武月的非洲记行后,在开学第一周的一节语文课上,请她为全班同学做了长达四十分钟的非洲行介绍,她的记录,她的感受,特别是她在那里担任义务汉语教师的体验,感动了我们每一个人。

2006年的年末,和武月同班的另一位同学李智琦突然对我说,她要跟妈妈一起去加拿大留学了,我当时听了非常难受。李智琦是一个非常优秀的同学,也是我非常喜欢的学生之一,她非常爱语文学科,在班上,她的随笔总是比别的同学写得多,我也时不时拿来做范文读。但是事实归事实,我没有办法改变。欣慰的是李智琦一直学到最后一节课,随笔也认认真真写到最后一篇。在她临走前的一天放学后,她母亲设筵席对老师们表示感谢,我也去了,送给了她两样礼物，一件是一套精装的四大名著，另一件是她的随笔本，我在她最后一篇随笔后中写了这样几句话：

智琦：

这是老师在你临出国之前最后一次给你批改随笔了，但是我又不希望这真的就是最后一次，我希望这个随笔本你能永远记下去，用你的母语。最后，老师真诚地祝福你在异国他乡生活幸福，学习快乐！

你的语文老师
二〇〇六年十二月十六日

为李智琦这样的孩子做送行前的叮嘱，我每年都有几回，有的虽然是进了高中以后去的，通常也会回母校跟我告别一下。去新西兰的霍雨佳，去美国的王立宇，去加拿大的陈燮明、施雯、王诗炀，去美国的刘松，等等。而对每一个离开祖国去异国求学奋斗的孩子，虽然我送行的方式不一样，但是叮嘱的大致内容却始终是一样的，一如对李智琦。而从资源的角度来说，异国的孩子来我们国家交流，我可以说用上"难得"一词，但是对于这些曾经生活在我的眼皮底下，曾经在我的语文课堂生龙活虎的孩子们的离去而言，我更愿意用"难受"这样的词语。但是难得也好，难受也罢，我都知道，在孩子们临走前，对他们进行"守望民族语言，做汉语文化的传递者"的叮嘱，是无论如何不能不做的。

灾难与语文

——2008年特殊时期的语文教育行动纪实

2008年的中国，对于所有中国人来说，是一个极不平凡的一年。在这个极不平凡的一年里，接连降临在中华民族头顶上的灾难无疑成为每个人不可磨灭的记忆。

雪灾、人祸、地震以及殃及大半个中国的水灾等，这些灾难，无论其规模、强度、密度都令整个社会始料未及，对我们整个国家和民族的影响都是长久深远的。灾难给我们带来的物质和精神上的创伤，事实已经有目共睹，无须多言。但是如果能够跨越创伤，从另一些方面看问题的话，这些接踵而至的灾难，也同时给我们带来了和平和安宁时期所无法触及的新内容：对自然的认识、对民族的认识、对国家和社会的认识，以及对建立在灾难基础之上的关于人情、人性、人文及至生命价值的认识，还在认识的同时滋生出的各种思考。从这一点来说灾难带给我们的这些新内容，又何尝不显得弥足珍贵。

因此，我将这段时间我和我的学生的语文学习内容部分摘记下来，算作一种学科教育的记忆。如果一定要我掂量这种记忆的价值的话，我想能够给同行提供一点儿启发：语文教育是可以借助民族悲情的废墟开出更丰满芬芳的人文花朵的。

灾难与语文

地震后的课堂，从学习《敬畏自然》到改学《不畏自然》

5月12日是星期一，上午第四节是语文课。在这节语文课上课前的课间，我还在教室走廊上向一些同学了解写给巴黎市长德拉诺埃公开信的情况。三个多小时后，下午14时28分，四川汶川发生了里氏8.0级（最初消息报道7.8级）大地震。消息在当天下午网络上就有报道，最初关于伤亡数字的报道只是一百多人，因此没有引起我多大重视，也只是在知道消息后同办公室的同事略微谈论了几句。

仅仅过了一夜，地震造成的死亡数字就由一百多人变成了几千人。在教师餐厅里，几乎所有人都在一边看着电视的报道，一边眉头紧锁地谈论这件事，感觉得到，这次地震造成的灾难已经不是一般程度了。也可能是前一天晚上学生的作业较多，再加上学生餐厅里没有电视的原因，当天主持"特别时期一分钟头脑冲击波"的同学竟然没有把这件事当作话题来谈。

在这位同学的演出结束后，我及时把四川汶川发生大地震和已经造成重大伤亡的消息传达给了同学们，同学们听到最新的伤亡数字后，几乎都跟所有老师一样，一个个锁起了眉头。我提醒同学们这些天抽时间去关注这件事的进一步发展。其实直到这时，作为老师，在被数字震惊的同时，仍然还没有意识到眼前的灾难将深入地影响今后我和学生们的语文课堂。

适逢根据备课组本学期初关于教学内容的调整和教学进度的安排，这周刚好要跟同学们一起学习教材的第三单元——"认识大自然"。这是一个说明文学习的过渡单元，教学任务主要是通过几篇与大自然和环境相关的文章，引导同学们认识人与自然搞好关系的重要性，从而关注自然，保护自然，树立科学的生态保护观。当时我只是想，正好要引导同学们好好学学这个单元，增强对自然的认识。这是我当时自认为积极的想法，然而正是我这个轻率而严重欠缺对灾难预见性的想法，让我自己吞下了一颗教学的涩果。

周一那节课我们学习的是这个单元的第一篇文章，是严春友的《敬畏自然》。在课文学习的一开始，是作者将自然的力量与人类的力量进行对比的

素养与语文　大都市环境中的素养语文实践

文字：

　　人们常常把人与自然对立起来，宣称要征服自然。殊不知在大自然面前，人类永远只是一个天真幼稚的孩童，只是大自然机体上普通的一部分，正像一株小草只是它的普通一部分一样。如果说自然的智慧是大海，那么，人类的智慧就只是大海中的一个小水滴，虽然这个水滴也能映照大海，但毕竟不是大海，可是，人们竟然不自量力地宣称要用这滴水来代替大海。

　　在引导全班同学集体朗读了这段文字后，我让同学们理解这段开头文字所要表达的主要意思，向来爱思考表达的同学们开始踊跃发言了：

　　"我觉得作者在这段文字想要说明一个问题：人不要把自己和自然对立起来，否则会自食恶果。"

　　"这段文字可能想通过自然与人类的力量的比较，警告人类不要妄想去征服大自然，人类如果有这样的想法显得可笑。"

　　"我认为这段文字其实意思很明白，就是说人与自然相比，本身是很渺小的，首先要学会尊重自然，而尊重自然就是尊重我们自己。"

　　"这段文字说的是人类的智慧在自然面前不足挂齿，就像作者说的，人类的智慧就只是大海中的一个小水滴。"

　　"我觉得这段话的意思用作者笔下的一个词就可以表达：自不量力。作者是想告诫人类，任何想要对抗自然的想法和行动都是无济于事的。"

　　对于同学们的踊跃发言和他们言之有理有据的思考，我在不断点头给予肯定的同时，也时不时补上自己的见解，然后鼓励下一个同学接着发言。但是在同学们发言的过程中，我隐约感到少了一个声音。这个声音平时是课堂上出现频率最高，也总是最能带给同学们发言新意的声音。我不由将目光停在教室右侧的语文第一科代表潘宗悟身上。奇怪的是他竟然眉头紧锁，还不断摇头。

　　"潘宗悟，你把你的理解跟同学们交流交流。"我对他说。潘宗悟稍稍犹豫了一下，然后站起来，说出了一句让我和全班同学瞠目结舌的一句话："老师，我觉得我们今天学习这篇课文不合时宜。"教室里变得鸦雀无声。

"为什么？"我问他，并示意把想要表达的意思都说出来。

"老师，刚才同学们都说得很好，老师您的分析也很对，因为作者确实想要表达这个意思。但是如果照作者所要表达的意思来看，昨天发生的汶川大地震是不是就是人类应得的因果报应呢？换句话讲，昨天在地震中死去的人，他们是不是活该呢？所以我觉得至少现在我们学习和讨论这篇文章不合时宜。"

教室里安静极了，同学们都朝潘宗悟看看，又朝我看看。刚才还争先恐后把手高高举起的同学都把手收回了。

"同学们怎么看？"我突然感到脸有些发烧，这可是教书以来少有的情况，而且一时不知道怎样说，只好把话题抛给同学们。我知道自己需要冷静地想一想。是啊，为什么我明明知道这篇课文和这节课要教给同学们的是什么，可是为什么就没有意识到这个问题呢？潘宗悟说得很有道理啊，如果按照作者的意思分析下去的话，我们从课本和课堂上能顺利获得"敬畏自然"这个警告，但是这不就等于是对灾难中失去生命的人们表达出一种幸灾乐祸的情感吗？的确，这篇课文现在学它有些不合时宜。

"老师，我也觉得潘宗悟说得有道理，这篇课文现在学是有点儿不合时宜。"终于有一个刚才在先前的发言中获得了掌声的同学站起来，冷静地表达对潘宗悟的认同，同时也有好多同学跟着以点头的方式表示支持。

"是的，同学们，潘宗悟的看法很有道理，这篇课文今天学习确实有些不太合时宜，"我对同学们说，"今天是一个特别的日子，因为十几个小时前刚刚发生了四川汶川大地震，死了那么多人，到现在还有无数的人被掩埋在废墟下面。在脆弱的生命面前，自然露出了它最强大但也是最残酷、最狰狞的一面，而我们现在正在歌颂和赞美它的强大，这样做是尊重了作者，理解了课文，但只是认识了自然的一面，忽视了生命，是对遇难者的大不敬。今天的问题出在老师的刻板，责任在老师，老师错了！"

教室里响起了掌声。

"老师，那这篇课文我们还学不学呢？今天这节课怎么办？"潘宗悟问。

素养与语文　　大都市环境中的素养语文实践

"学,但要找一个合适的时间学,就如你说的,今天学不合时宜。"我说,"至少从今天这节课剩下的时间开始,我想我们应该改学一篇新的课文。"

"什么课文?"有几个同学不约而同地问道。

我走到黑板前,拿起黑板擦,将黑板正中间课题"敬畏自然"中的第一个"敬"字擦掉,添上一个大大的"不"字。

"不畏自然。"同学们齐声念出来。

"是的,同学们,我们改学一篇新课文《不畏自然》"我说,"而且这篇新课文一直学到灾难的结束。同学们可能要问课文在哪里呢?我告诉同学们,课文要靠自己找,从网络上找,从电视上找,从报纸上找,从人们对地震的消息中找。找什么?找地震发生后灾区的人们怎样不畏自然,找国家和政府怎样不畏自然,找中华民族怎样不畏自然,找感动,找坚强,找勇气,找坚持,找地震中将会展现在我们面前的一切,一切反映人类不畏自然灾难的行动与过程。"

"好。"潘宗悟第一个叫起好来,全班同学都一起叫好,教室里再度响起掌声。

"嘘——"我把食指放到嘴边,同学们马上意识到了什么,脸上笑意全都收藏起来,替而代之的,是一种凝重。

这是我教语文以来最充分体会到什么叫尴尬的一节课,也是我最充分体会到涩味的一节课,但是这节课也必将是我最有收获的课之一,因为潘宗悟"不合时宜"四个字牢牢印在了我的脑海中。这四个字对我今后面对教材和面对课堂以及深层次地思考语文学习的材料、内容,深层次地思考语文教学的意义,都必将产生深远影响。我感谢我的学生,也"感谢"灾难。

接下来几乎一周的语文课,我都履行当时的承诺,和同学们一起自选教材,这教材就是《不畏自然》,一个灾难带给我们的内容,有时甚至就是直接打开教室里的大电视,把抗震救灾的现场特别报道拿来作为"课文",通过鲜活的画面让同学们直接收获灾难发生后能让他们感受的东西。事实上我觉得,如果把整个中华民族在这次灾难后的表现视作一本教科书,这本特别教科书的书名其实也应该叫作《不畏自然》。这本书,不仅值得我的学生去学,也值得我们的民族永远去品读。

灾后升旗： 全班同学集体准备升旗演讲稿

星期四放学时，思仪拿来一份稿件找我，说下周是他们班主持升旗仪式，她被同学们推荐在国旗下演讲，思仪是我的女儿，同时也是我所在班的学生，她从小学到中学一直是学校广播站的播音员，所以升旗仪式同学们推荐她在国旗下演讲也是情理之中的事。思仪还告诉我周一升旗仪式还邀请所有学生的家长们一起参加，届时还将举行全体老师、同学和家长们为灾区现场募捐的活动。演讲稿的草稿她已经写好，想请我给她看一看。

学校的升旗活动是按班级轮流主持的，以往升旗仪式演讲都是在周五放学前匆忙安排一个同学利用周末准备，这样的情况下，一般准备都不大充分，因此升旗演讲这项本来很好的活动内容，由于重视不够，效果也越来越一般化。自然，演讲内容与演讲方式的平淡化也是效果不大好的原因之一，因为内容上好多同学都是临时从网上下载一些，随随便便加个题目而已，而演讲方式上也通常是照着念念就行，所以，更多的时候是同学在上面演讲，下面的老师和同学们有耳难入。

"爸爸，学生处的老师说这次演讲跟以往不同，要我好好准备这次演讲。"女儿留下演讲稿后特别强调了两句。我笑了笑，那意思是我一定得帮她把这篇演讲稿修改好。思仪走后，我把她已写好演讲稿浏览了一遍，总体感觉不好，始终围绕这次灾难来写的。作为灾难后的第一次升旗仪式的演讲，而且还有隆重的募捐活动，参加人员中还有许多家长，这篇演讲稿有些问题，需要好好修改。

"爸爸，"思仪突然又回到办公室，"学生处的老师还说明天是周五了，最好明天找时间先在班上模拟演讲一次。"

"既然要先在班上模拟演讲一次，不如请同学们一起做你的帮手，这样可能比爸爸单独一个人帮你修改更好。"我说。

"那也行。"思仪说完就跑掉了。

她走后，我越想越觉得刚才一时的想法有道理。升旗演讲本来是一件大事，但是却变成了一个同学的事，其他同学因为参与少，一般只做了普通的听众，集体轮流主持升旗，就变成了个人轮流了。如果邀请全班同学来帮助修改演讲稿，实际也是变相给了全体同学参与升旗演讲的机会，再加上平时集体共同修改一份稿件的活动做得也少，这样做新鲜，语文上也会有收获，更何况这次演讲非比寻常，同学们在集体准备演讲稿的过程中，也可以再一次梳理灾难讯息，净化内心感受，升华思想认识，是一件学习语文的好事。

周五的语文课我特意留下三分之一的时间，先让思仪将她的演讲稿的思路给同学做了说明，然后选读了部分内容，接着就是全班同学对思仪的演讲稿提修改建议，同学们针对思仪的演讲稿指出了不少问题，总结起来是"三太"：内容太长，信息太杂，感情太滥。

同学们认为在升旗这样庄重的活动中，内容一定要精练，太长了会影响效果，何况这天的升旗仪式还要举行集体募捐仪式，至于演讲稿中罗列的信息，同学们一致认为太多，而且没有头绪，一会儿是灾民伤亡数字，一会儿是军人救灾，一会儿又是伤亡数字和受灾情况，一会儿又写到国家总理，而且老师学生受灾的情况几乎没有。感情方面也太滥了，一会儿感动，一会儿是悲伤，一会儿又是敬佩和感动一起来了，开头和结尾的感情表达没有一致。

同学们七嘴八舌地讨论着。我认为，出现三大问题的根本原因是思仪很少写演讲稿，不知道演讲稿的特点。演讲稿是在公开场合表达思想感情的一种说话方式，第一要看对象，第二要注重内容，第三要注重感情。所以首稿就没有很好地体现演讲稿的特点。还有一个原因是信息处理上欠缺筛选能力，这也是大家都容易犯的问题，因为灾难带来的信息量太大，各个方面的材料铺天盖地，所以一定要有一个清晰的思路，再按表达的需要挑选信息。至于感情表达太滥的问题，我认为主要是情感太浓所致，因此要定好一个基调，比方说，这次演讲最好以悲痛为主，兼以感动。

接下来同学们对照电脑屏幕上的演讲稿初稿，一起帮助思仪做了几件事：先把感情的基调定下来——悲痛；然后确定文章的主体思路，初步定为：灾难总况，内心感受；师生受灾，内心感受；国人表现，内心感受。最后围绕主体思路把不该要的信息删去，把好的信息加进来。最后讨论了一下开头和结尾，有几个同学还特别谈到了演讲时的细节问题。

思仪按照同学们的修改建议，经过周六和周日的反复精心修改，最后形成了题为《汶川地震——让全世界中华儿女同患难、共命运》的演讲稿：

尊敬的家长、老师，亲爱的同学们：

大家好，今天我演讲的题目是：《汶川地震——让全世界中华儿女同患难、共命运》。

今天，当我们再次庄严地站在国旗下，注目鲜艳的五星红旗冉冉升起……此时此刻，我想，我们每一位师生的心情都是一样的：因为我们心怀悲痛。

就在上周，5月12日，素有天府之称的四川盆地汶川地区，发生了8.0级强烈大地震。国家防震指挥中心5月16日清晨发布的最新消息证实，这次地震直接受灾面积达10万平方千里，直接受灾人数达1000万以上，10万人受伤，2万人已被证实永远失去了生命，预计这次灾害的死亡人数将超过5万人。国家与人民财产损失更是难以统计。

灾难是无情的，在这次汶川大地震面前，人的生命再一次显示了它的脆弱。当我们从电视上、报纸上和网络上直面那些令人触目惊心的伤亡数字，看到一具具死难者的遗体从废墟中被挖掘出来，我们难掩我们心中的悲伤。我们悲伤这些曾经鲜活的生命从此将不能再看到每天早上从地平线上冉冉升起的朝阳，再也听不到人世间的歌声与笑声，再也享受不到只有人间才有的亲情和友情。他们，将同这次地震带给我们的记忆一样，伴着无限的悲痛，长眠于地下。

作为一名学生，对于这次特大自然灾害，我想我也和同学们一样，还有着另外一种共同的感受，那就是对于这次地震中遇难的老师和同学的惋惜。古代著名水利工程杰作及历史文化风景区的都江堰聚源中学，1000多名和我们一样年龄的初二初三同学瞬间被掩埋于废墟之下。位于地震中心区的汶川映秀镇中心小学，已证实有四分之三的学生遇难。有关部门证实，在这次地震中至少有四百多所学校倒塌，死亡或失踪的学生已达数千人。

素养与语文　大都市环境中的素养语文实践

　　而这些人,他们七天前还跟我们一样,在教室学习;和我们一样,做数学题,背英语单词,写作文。也许地震发生的前一分钟,他们中的一些人正在课堂上侃侃而谈;或者是在跟同学们一起开怀大笑;或者是在舞蹈课上学跳舞;也可能是在美术课上尽情挥动画笔。而现在,笑声没了,舞姿和挥动的画笔定格在倒塌的废墟里面。他们每天跟我们一样背来背去的书包,也将跟随他们曾经鲜活的生命一起,永远长眠于另一个世界,连同他们无数个梦想。

　　然而,汶川大地震带给我们悲痛的同时,也带给了我们无尽的感动。我们感动总理亲临一线,面对死伤者和孤儿声泪俱下;我们感动人民解放军为了废墟中的生命奋不顾身;我们感动志愿者为了他人顾不上拯救自己的亲人;我们感动老师为了保护学生挺身而出;我们感动同学之间在废墟中相互鼓励……灾难无情,人有情,我们更感动因为这次大灾难,全世界的华人的同胞情、骨肉情、血脉情被前所未有地激发出来;我们更感动的是,全世界人们的良知、人性、人道主义情怀被充分点燃起来。

　　尊敬的家长、老师,亲爱的同学们,此时此刻,让我们抹去悲痛,振作精神,让全世界的中华儿女携起手来,让全世界的中华儿女同患难、共命运。让汶川不孤独,让四川不孤独,让中国不孤独。2008,虽然我们的国家遭受了接连的天灾和人祸,但是,我们有理由相信,中国不会倒下,中国人不会倒下。2008年,对于全世界热爱和平和正义的人们来说,仍将是一个充满期待和梦想的中国年。

　　我的演讲完了,谢谢大家。

　　这个演讲稿可以说很好地尊重了同学们的建议,感情基调准确,演讲思路明晰,信息充分而合理,语言感人而准确。最后我对一些小问题略作修正后,建议她在家多练练,先找找感觉。结果她第一次在全家人面前的试讲就因为情绪激动而泪流满面,几乎说不下去了,看来这次具有特别意义和目的的国旗下演讲,问题不大。

　　情况如意料的一样,周一早上思仪的演讲效果很好,很多老师,家长和学生都为思仪的演讲而流下了悲伤的眼泪,她充满感情的演讲,也为这天早上具有特别意义的升旗活动增添了不少的庄严和凝重的气氛，也为接下来的隆重的集体募捐仪式拉开了序幕。升旗活动结束后，思仪回到班里时，全班同学纷纷向她表示祝贺，她不停地向同学们表达感谢之意。的确，这次演讲的成功其实不只是属于思仪一个，而属于一个集体的努力，而这次同学们集体为一份演讲稿做努力，也是开天辟地头一回。

接下来的几天里，每天都有老师和同学找思仪索要演讲稿，说那次不光她现场讲得好，稿件也写得很出色。当我听到这一情况时，笑着对思仪说，你应该在这篇演讲稿的题目下有一个特别注明：

演讲者：思仪。

作者：十一班全体同学。

举国哀悼日当天下午的第一节语文课

让我们为汶川地震中的不幸遇难者设立一个哀悼日吧！数万个曾经灿若春花的鲜活生命，就这样离开了美好的世界。这不仅是数万个家庭的巨大不幸，也是共和国的国殇。那些痛失父母孩子亲友的人，将承受怎样的打击！共和国痛失了数万个儿女，将承受怎样的打击！我们应该为逝者默哀。逝者应该得到这样的礼遇。

让我们为汶川地震中的不幸遇难者设立一个哀悼日吧！这不仅是为了哀悼与我们永别的人，也是为了所有心藏哀痛勇敢活下去的人，为了所有活着的人。我们要用默哀的典礼，送别灾难和悲伤，让逝者得到安慰，让生者更加珍爱生命。我们要用默哀的典礼，把大家更紧地团结起来，无论多大的痛苦和艰难都一起担当。

让我们为汶川地震中的不幸遇难者设立一个哀悼日吧！当时针指向14时28分，让我们全体起立，默哀1分钟，向那些亡灵寄托我们的哀思……

这是地震发生四天后的5月16日，当确证死亡人数已经数万时，《中国青年报》评论员发表的题为《建议为地震遇难者设立哀悼日》的节选。到这篇文章发表后的第三天，即5月18日的晚上，国家就发布了为这次大地震设立举国哀悼日的通告。

在我的记忆中，举国哀悼只经历过一次，那是毛主席逝世的时候，那个时候我还小，只有八岁，还不懂事。2008年5月19日下午，和我的学生一起亲历哀悼，举国为普通国民哀悼的经历，我的学生是第一次，我也算是第一次。在此之前，每遇到全国有什么重大灾难事故发生的时候，或者看到听到别的国家在为自己的人民因为重大灾难事故举行全国哀悼的时候，我也曾想，我们国家也应该有这样的活动，在这样的时候，一个民族也好，一个国家也好，都是最好的凝聚。

而从一个语文老师，一名基层的人文传播者的角度来说，我奢望这种方式的原因更直接，因为我觉得这样的方式对于培养我们的下一代对生命，对人性，对人文的认识与理解，一定胜过任何说教的方式，其效果也一定是任何教育内容、形式和方法所难以相比的。灾难是大自然强送给我们的一本血淋淋的教科书，全中国人民在灾难中的表现其实是在共同编写一本民族情感与精神的大教科书，而为普通生命设立的举国哀悼活动，又怎么不能说是这本大教科书中最感人至深的精彩华段。

所以2008年的5月19日，举国哀悼日的第一天，我在接到通知后，立刻敏感地意识到这将是一次宝贵的教育契机。

那天下午的第一节课恰好是语文课。学校通知说，届时一切课堂活动都要中止，全体向灾难中遇难的同胞默哀。于是我临时调整了教学内容，还花了差不多一个上午的时间，为同学们赶做了一个八分钟的视频，收集了灾难中的一些感人至深的画面，还专门配上了音乐。在视频的开始部分，我刻意挑选了一幅让每个人看了都难掩悲痛的静态画面——数十个整齐摆放的遇难孩子们的书包照片。在这幅照片的一侧，是我特意配上为这节特别的语文课取的醒目的课名：这一刻，让我们默思生命的含义。我希望借助这一千载难逢的契机，为同学们补上一节属于生命的语文课。

天随人意，那天从早上开始，深圳海湾的天空就阴沉沉的，时不时下起一阵小雨。下午第一节课我走进教室时，同学们也显得异常安静。我对同学们说了几句话："同学们，今天我们的语文课可能将是我们一生难忘的一节课。今天的课堂不光属于我们，更属于那些灾难中遇难的我们的同龄人。今天的黑板，老师不想写板书，因为任何知识在今天看来都显得微不足道，我只希望每个人在黑板上写下发自内心的祝愿，送给那些去的同龄人，让他们能一路走好，让今天这块黑板属于这次遇难的同龄人。"

以往也时有这样的集体轮流到黑板上写话的形式，而每次一遇到这样的机会，大家都是嘻嘻哈哈，争先恐后，免不了你挤我抢，场面显得热热闹闹，把好玩当作第一是同学们真实的心态。但是这一回不一样，我的话说完后，教室里一直很安静，但是又分明看得出，大家在凝重的表情下面，内心都在构思着自己最想表达的话。坐在教室最后面的敬瑶第一个走上了讲台，这个平时被老师同学们视为"麻烦"的同学，她来到讲台前面，从容地挑选了一支蓝色粉笔，然后转身在黑板正中间的位置一笔一画写下了大大的一行字：

天上一定也有课堂。

第二个同学上台了，他写的是：一路走好。
第三个同学上台了，他写的是：天上也有欢声笑语。
第四个同学写的是：放心，我们一定会经常想起你们。
第五个同学写的是：天上没有人间的灾难，你们不会再有痛苦。
第六个同学写的是：我爱你们。
第七个同学写的是：我相信，你们不会孤独。
第八个同学写的是：生命不在，灵魂永在。
……

很快，一整块黑板都被同学们写满了，我看见好多同学一边写一边流泪，有的同学边抹着眼泪边走回座位。坐在我旁边的赵焕章轻声对我说："老师，您也上去写一句吧！"我点点头，走到几乎被填满的黑板前面，在角落里找到位置，写下几个字：天上一定也有快乐的语文课。

等到最后一个同学写完后走下讲台，我走到同学们中间，轻声对同学们说道："同学们，这块黑板平常是我们用来书写知识和学问的，今天，虽然黑板上没有任何学习内容的板书，但是今天的黑板却比我们任何时候的黑板都显得更有价值，因为今天这块黑板盛满了真爱，填满了真情。我们每位同学都用最出色的语文方式，向那些一周前的那些跟我们一样大小，而现在却永远离开了我们的同龄人表达了最真诚的祝福。这也是这块黑板最珍贵的45分钟，它属于我们每一个人，更属于每一个离去的同龄人，属于记忆。"

"老师同学们，现在是向汶川大地震遇难同胞举国哀悼时间，请所有老师和同学们停止课堂活动，打开电视……请全体起立。"

广播声突然在宁静肃穆的教室里响起了，等待中的同学们缓缓地从座位上站起身来，面向黑板，每个同学的脸上都布满了我二十年以来从未见过的庄重与悲伤的表情。我来到教室中间，面朝黑板，和同学们站在一起。

"现在，是全国各族人民向汶川大地震遇难同胞举国哀悼时间……默哀开始……"警报声突然悲怆地响起来，心也一下子被一种无情的东西紧紧抓住。学校紧邻大海，不远处就是去年七月刚刚建好通行的世界最大的陆路通关口岸——深港西部通道。西部通道正好从学校旁边穿过，我们的教室又恰好紧挨着公路。这时候，不远处行驶在海湾里和停泊在码头的船只一起拉响警报，西部通道地下通道和外部通道汽车的汽笛声同教室里广播和现场视频里的警报声一起响起，回荡在教室的上空。

这一刻，只感到时间被凝固，空间被凝固，仿佛这世间只有一样东西还在涌动——悲恸。是的，只有悲恸。试想，在这个世界上，有哪一种东西能像此时此刻一般，能把十三亿人的心情调成同一种颜色？是悲恸。又试想，在这个世界上，又有哪一样东西能像此时此刻一般，能将十三亿人的心紧紧揪拢在一起，揪向一处？是悲恸。这种悲痛，应该说它本身的色调是灰色的，但是又有谁能反驳说，和这种灰色一起填满我们民族心房的，不是象征着感动的暖色？

哀悼活动结束后，望着泪眼婆娑的同学们，我只说了一句话："同学们，希望你们用记住这一刻，因为这才是你们生命中最有价值的一堂课。"接下来，

灾难与语文

我和同学们通过教室里的大屏幕，共同诵读了一名叫易子草的网友这天上午发表在网上的《祭汶川地震逝去同胞文》，全文如下：

祭汶川地震逝去同胞文

浩荡宇宙，悠悠中华。临改革三十岁，值西开整九载，先有雪灾压岁，后有"藏独"肆虐，转眼火车脱轨，灾害连连，以逞淫威。时至初夏，波澜微惊，百姓仰首，万众护炬，齐迎奥运。怎诚想，风云骤变，五月十二，地陷山崩，江河失措。汶川震中，惊我十数亿众；四川告急，地动撼我中华。同胞顿陷水火，死魇梦魔不断。伤亡者众，失踪者众，哀号者众，求救者众，失所者众。人民总理临阵指挥，每有危机立决，数万兵众参战，凄凄哉天地相欺，惶惶乎人神共泣。国有大难揪心处，同胞生死攸关。惨烈烈救灾现场，冷寂寂血腥面容。家园不在，交通阻断，高楼倾倒，繁华崩塌，风光难寻。刚才是羌人天堂，转瞬成炼狱无常。刚才是笑语相欢，转瞬却阳阴阻断。叹天灾地祸之无情，悲命运逆转之快速。汶川告急，路断梦难续，灾民求救，食无命难保。唯我敢死之空军，五千米凌云神降，以手为钎，逢山辟路；以骨为器，肉身相搏。天地间感人心者谁？人世间痛人心者何事？从成都到汶川，从北川至青川，从绵竹至绵阳，从茂县到彭州，血肉挫开屏障，冲锋舟撕开死寂，幸存者热泪盈眶，怎一个"情"字了然，怎一个"痛"字了得！亲朋音容在，生死两茫茫。泪眼相看，心神俱伤！看同胞死难，任是铁人也断肠；殓孩子群夭，怎叫天地不号哭！悲哉，哀哉！一点希望，百倍努力。十万驰援，世界同往。每有生命迹像，便有感人事迹，看儿女相携，悲母子同伤，哀夫妻相隔，叹情侣相扶，危难关头，即使赴死，也让美德张扬，情爱彰显，大义留世。人说生命脆弱，也有生命顽强，有救人者逝，换濒死者还，舍我一人生命，救同胞于危难。逝者难追，精神难灭，青史铭刻，大爱永存。中华儿女，不屈不挠，八方凝聚，四海归心；救灾救人，刻不容缓，灾后重建，任重道远！死何以堪？情何以堪？痛何以堪？中华儿女，英勇无畏，国有大难，舍我其谁？数万群殇，国之大难，定为国衷。设祭为坛，祈佑中华，迈过难关，终得隆昌，前有仆者，后有继者，死难之所，终成花园。诚如想，逝者可安息，幸者可欢笑，但得国泰民安，终至和谐发展，世界同喜。尚飨！

二〇〇八年五月十九日哀悼日

原本还准备为同学播放我花了一整个上午精心准备的视频，但是我临时取消了，取消的原因有两个：一是我觉得我预想的教学目标不仅达到了，而且是远远达到了目的；二是我觉得处理这节课剩下的时间，空白要远比刻意安排的内容好，任何刻意安排的内容，对于这节课的前半段的收获而言，都是画蛇添足之举。

下课还有几分钟，我走出教室后门，来到阳台上。阳台正面向大海，不远处就是建筑规模宏大的深港西部通道，眼下围绕西部通道而建设的海湾公园绿意盎然，脚底下仍然一派车水马龙的景象。和平依旧，发展依旧。回望教室，同学们正在安安静静地做着每个人自己的事，安静依旧，勤奋依旧。我想，如果今天这节课还能命名为语文课的话，这节课应该算是最有效率的语文课，而如果把今天这节语文课当作是一次心灵的检测的话，这次检测中，我可爱的孩子们每个人都应该得满分。

灾难时期的诗歌学习热潮（一）：诵诗与诗抄

现代诗歌教学也是一件现代语文教育中让人头痛的事情，原因是复杂的：在今天这个整个社会由计划经济向市场经济过渡的大环境下，纯文学越来越被人们边缘化，受这个大环境的影响，出色的诗人和诗歌作品越来越少，现代诗歌在人们心中的地位和分量逐渐被挤占，甚至许多人对现代诗歌和诗人抱有怀疑与不屑。这种状况也直接或间接影响了成长中的孩子们，他们失去诗歌熏陶的氛围。

教材中诗歌的内容也是不利因素之一。当代现实生活中鲜见出色诗人和优秀诗歌作品，编者们也大伤脑筋，只好跨越时代去挑选更早时期或国外的优秀诗歌作品，由于生长环境造成的孩子们认识上的不一样，这就直接导致学生很难接受这些诗歌或者诗人。拿目前的人教版八年级下册的语文教科书诗歌单元来说，这个单元共编入了五位著名作家的七篇作品，分别是鲁迅、郭沫若（其中郭沫若的不是诗歌）、巴金、高尔基和被誉为中东之子的黎巴嫩诗人纪伯伦，教学起来感到很困难。

学生们不是没有接受能力，为什么他们不喜欢诗歌？因为没有好诗歌？为什么孩子们连世界上最出色作家的作品都不能接受？因为这些诗对他们产生不了共鸣。中国文坛中流传着一句名言："悲情出诗人。"意思是说，诗歌的产生需要时代，诗人产生也需要时代，和平安宁的生活现状和浮浅不堪的社会现实，毁坏了诗歌和诗人诞生的土壤，也必然带来了读诗、爱诗环境的消失。因此，作为一名语文教师，我只能在面对诗歌教学这个问题时，慢慢咀嚼苦闷，让内心饱受煎熬。

哀悼日的前几天，一位叫谭丰翔的同学在回教室的路上碰到我，他对我说："老师，您知道网上正在热传的一首诗吗？"我问诗名叫什么，作者是谁？他说："昨天放学时我坐我爸爸的车，听飞扬971频道的主持人正在说这首诗，题目叫《孩子，快抓紧妈妈的手》，作者据说是深圳的一位网友，而且深圳文化部门正组织出色的词曲家将它谱写成歌曲，我爸爸说他知道这首诗，中央电视台举办的灾难义演活动上就被朗诵过。老师您赶紧找来给同学们读读。"

上完课后，我打开网络，上网一查，果然有一首流传正广的灾难诗作《孩子，快抓住妈妈的手——为汶川地震死去的孩子们而作》。这首注明作者不详的小诗全文如下：

孩子 /快 /抓紧妈妈的手 /去天国的路 /太黑了 /妈妈怕你 /碰了头
快 /抓紧妈妈的手 /让妈妈陪你走 /
妈妈 /怕 /天国的路 /太黑 /我看不见你的手
自从 /倒塌的墙 /把阳光夺走 /我再也看不见 /你柔情的眸
孩子 /你走吧 /前面的路 /再也没有忧愁 /没有读不完的课本 /
和爸爸的拳头 /

你要记住 /我和爸爸的模样 /来生还要一起走

妈妈 /别担忧 /天国的路有些挤 /有很多同学朋友 /我们说/不哭
哪一个人的妈妈 /都是我们的妈妈 /哪一个孩子 /都是妈妈的孩子 /
没有我的日子 /你把爱给活着的孩子吧 /妈妈 /你别哭 /泪光照亮不了
我们的路 /让我们自己 /慢慢地走 /妈妈 /我会记住你和爸爸的模样
记住我们的约定 /来生我们一起走

读这首灾难诗歌，感到有一种难言的悲痛与感动涌上在心头，于是赶紧打印下来，准备第二天上课时让同学们读读。当天晚上放学回到家，打开电视，没想到凤凰卫视著名的时事评论员郑浩先生也在评论节目快要结束的时候，充满感情地朗诵了这首稍加改动的《孩子，快抓紧妈妈的手》，听着这位习惯进行严肃评论的主持人声情并茂地朗诵，我在感动的同时，内心涌起一股惭愧的感受，主持人、艺术家、评论员甚至家长们都当起了语文老师，可我们作为语文老师竟然还是从学生口中了解了这首诗，真是有些"麻木不仁"过火了。心头发热，恨不得马上天亮，带领同学们好好读读这首诗。

第二天的语文课上，我在"特别时期一分钟头脑冲击波"结束后，慎重地向同学们介绍了这首感人至深的灾难诗歌。而且一字一句地念给同学们，让他们抄在语文课本的扉页上。然后按孩子和妈妈的口吻，我将全班同学分成两个角色，男同学读孩子，女同学读妈妈，齐读的效果让我完全意想不到，老实说，我几乎是头一回看到同学们如此感情投入地朗诵，大多数同学的声音都因为情绪激动，充满沙哑味道。读完后，我看到好几位女生的眼角都挂着泪花，坐在教室一角的胡淑珂还趴在桌子上没有抬起头来。

"诗写得好吗?"我问。

"好。"同学们异口同声。

"喜欢读吗?"

"喜欢。"还是异口同声。

"同学们，这也是老师读过的最感人的，写得最出色的诗。因为它是一首用真情写成的诗。同学们今天的朗读，也是老师听过的最感人的朗诵，因为没有一个人不是在用真情朗诵。"我说，"我突然有一个想法，不知同学们接不接受？"同学们都望着我。

"我想我们的语文课从今天起再加一个小内容，每次头脑冲击波结束后，再一起读一首这段时间流传在网络和报刊上的诗，行不行？"

"行。"大家集体鼓起了掌。

从这一天开始，我们的语文课上就多了一位"不速之客"：每课必有的网络诗歌朗诵，内容都是由同学们自己挑选或推荐，第二天由科代表组织同学们朗诵。一天一首，一直到学期结束。让人难以想象的是，这些平时读诗习惯有口无心的同学们，在面对这些出自无名诗人的诗作的时候，他们在朗读的时候总是充满着少见的激情。为什么，其实谁都明白原因：这些诗出自灾难，饱含真情。

可能是由于第一首诗由我亲口念，而同学们一字一句抄下来，可能是由于每日一诗的朗诵的熏陶，也可能是由于网络、报纸上自发出现了灾难诗潮，更可能是由于这些出自普通人之手的诗歌很容易让人接受，一种对于灾难诗歌的热情以另一种方式开始在同学们中间悄然发生了——灾难诗抄。

在灾难诗每日读活动开展后不久的一天，我走进教室时，无意间看到几位女同学利用下课的时间在摘抄什么，走近一看，才知道不知是谁带头，同学们突然有了传抄灾难诗的行动。罗妍正在抄林菁摘抄来的诗，我翻开林菁的精致的摘抄本，看到上面已工工整整地摘抄了七八首长短不一的灾难诗。在这些诗的旁边还用心地画了一些画儿，摘抄本的封面也精心设计，上面用彩笔写着"珍贵的记忆——灾难网络诗抄"一行字。

罗妍的诗抄本取名为"流淌在心灵深处的感动"，里面也已经有了五六首诗，扉页上还精心写了一段话：我一向认为自己是一个没有诗歌天分的人，不会写，也不大喜欢诗歌。因为我总觉得那些诗离我们太远，或者觉得难以理解，或者认为是无病呻吟。可是这段时间我发觉自己有了变化，突然有些喜欢诗歌了。我想了想原因，可能就是因为我们每天读到的这些灾难诗歌每一首都能打动我，让我想流泪。看到同学都在摘抄，我想我也应该这样做——抄诗，也抄人间的感动,愿感动永远留在我的记忆中。

罗妍同学写在摘抄本扉页上的这段话,我想也真实地流露出同学们对现代诗歌喜欢和不喜欢的原因,也让我看到了诗歌作为千百年来最具生命力的文学形式,它真正的感召力。那天上课后,我粗略统计了一下,全班大概有近三分之一的人在自发地摘抄诗歌。我充分肯定了同学们这种自发的兴趣爱好,认为非常难得,也让人敬佩。对罗妍同学写在摘抄本扉页上的那段话,我还特意念给大家听,鼓励同学们继续这个高雅而难得的事情。结果第二天,更多的同学参与了这个活动,弄得其他学科的老师都来找我告状了,说原先下课了同学们都在做题,现在不知语文老师说什么了,大家都在一窝蜂地去抄诗歌了。

看到同学们对灾难诗歌所表现出来的空前热情,我也有了更深一些的想法:能不能借助这种难得的热情,借灾难带给语文教育的特殊契机,把诗歌学习与同学们的距离再往近处拉一拉呢?

灾难时期的诗歌学习热潮(二):悲情出诗人

由于灾难诗歌的持续朗诵,同学们对诗歌的兴趣和热情被充分调动起来,进而也导致出现了同学们摘抄灾难诗歌的热潮。这种情况让我看在眼里,偷偷喜在心里,我更清楚一点,朗诵诗和抄诗毕竟还只是一种被动接触现代诗歌的方式,也就是说同学们仍然只是通过外在的形式和手段在领略和感受这种文学形式,这样的热爱方式随着时间的推移,也终究会出现从高潮向低潮的转变,甚至当时间使灾难逐步淡出我们记忆的时候,这种热情也可能最终消失殆尽。

因此,怎样引领同学们对诗歌的热情从被动转向主动,从表面深入内在,让同学们借助灾难这个特殊的大环境,借助灾难期间出现的民间诗歌热潮的好气候,利用同学们目前对诗歌产生的难得的兴趣与热情,将长久热爱诗歌的种子播种下去,让这颗珍贵的种子在同学们的文学田园里生根、发芽、开花和结果,甚至于在不久的将来生长成一片丰收在望的原野。这种思考促成了我当时心中的念头——写诗。

让初二的孩子们自己动手写诗?让向来对现代诗一听起来就嘴上脸上流露

一个"不"字的同学们学写诗？有这个条件吗？到底有没有这个条件，我反复思考，这要看另外两个小前提能不能在目前这种环境下具备：第一个条件是孩子们能不能写出诗来；第二个条件是孩子们愿不愿意学写诗歌。"能不能写出诗"是技术上的前提，也是客观准备，而"愿不愿意写诗"的前提是兴趣，是主观准备。

对于第一个条件"能不能写出诗来"这个前提，我很快找到了肯定的答案：能。原因有三个：第一个原因是灾难这个大环境为写诗提供了丰富的素材和情感资源，自古"悲情出诗人"，这充分说明尽管孩子们严重欠缺写诗的技巧和能力，但特殊时期同学们心中充沛的情感足可以弥补这个欠缺，更何况我们写诗不是要孩子们马上写出惊天地泣鬼神的作品，更深层次的出发点在于让同学们近距离和有深度地领略和感受现代诗歌。

第二个原因是这些日子的诵诗和抄诗活动，不光点燃了他们对诗的兴趣和热情，也间接地把诗歌的技巧粗线条地传达给了他们。第三个原因，现代诗歌本身形式多样，表达多样，要求并不严格，以孩子们初二的文学水平，完全可以写出像模像样的"诗"来。基于这三个条件的分析，我认为对"能不能写出诗来"这个前提的担忧完全可以打消。那么第二个前提"孩子们愿不愿意写诗"呢？这倒成了问题的关键。

如同生活中充满巧合一样，教学中也能不时遇到巧合的发生。地震灾难发生后的第三周的周三，我在翻阅同学们交上来的周记时，发现一个平时周记写得很一般的同学的周记本上竟然连续出现了三首长长短短的诗，其中的一首写得特别长，竟然写了三页多，足足有一百多行。三首诗的题目也很特别，第一首题目叫《老家的房子》，第二首题目是《地震弄没了我美好的记忆》，而最长的那一首题目叫《表妹，你不要哭泣》。

虽然三首诗都写得比较幼稚，甚至有好些句子都不大通顺，但是透过这三首诗，我看到这位同学很用心，也很动情，其中第三首诗有一两节写得还很不错：

我知道，表妹

素养与语文　大都市环境中的素养语文实践

你肯定还不想匆匆忙忙就离开这个世界
因为这个世界很美好
有你最爱去的学校,有你最爱背的书包,还有你最爱看的电视
可是你却无声无息地走了
你跟你的小伙伴们一起去了遥远的天国

表妹,你不要哭泣
因为我相信天国里一定也有好多美好的东西
有比人间更好的学校,有比人间更好的书包,还有比人间更好看的电视节目
也许还有人间没有见过的鲜花
也许还有人间没有看过的动漫
天国里你一定会活得更开心
也许在天国里从来就没有眼泪……

这首最长的诗的结尾部分,还特意画了一个扎着小辫子的小女生,下面是一行字:春节还跟你在一起玩耍的深圳表哥为你而作。读着感情真挚的诗句,看着诗的结尾处精心画的小人以及明明白白的落款,我脑海里隐约想起一些细节,几乎从读《孩子,快抓紧妈妈的手》那一次开始,每回流眼泪的同学中,好像都有这位男生,尤其是5月19日那天,这位男生的眼泪比班上其他同学流得更凶。在上周五语文课下课的时候,这位同学还从后面追上我,问我:"老师,这周的随笔可不可以写诗?"我当时半信半疑地回答他:"也行……只是不要应付。"

下课铃响后,我专门去了趟教室,把他从教室里叫出来,我指着随笔本上的几首诗问他:"是自己写的吧?""嗯。"他回答,似乎怕我批评他写得不好,又补充道,"老师,我只是想写,但是写完后又觉得写得太差。"

"诗里写的……都是真的?"我问他。

他大概明白了我的意思,用力点点头。然后他告诉我,他家是四川的,老

家就在青川农村，几乎每年的暑假和寒假他都回老家玩儿，也很喜欢老家的一切。可是这次大地震改变了一切，老家的房子倒塌了，好多亲戚都遇难了，曾经和他一起玩耍的小伙伴们，听妈妈和爸爸说有好几个都在学校里遇难了。表妹比他小两三岁，还在读小学六年级，这次也被埋在了教室里面，地震发生后的第四天他们家就知道了消息，全家人这些日子都很难过，爸爸前几天就赶回老家去了，因为交通不便，现在还没回来。

"诗写得非常非常好，这是我见过你写得最好的周记，特别是表妹的那一首，很感人。"我只能借对诗的评价来安慰这个因地震而心灵受伤的孩子，同时征求他的意见，允不允许老师把这首写给表妹的诗读给同学们听，他想了一下，点头答应了。

我回到办公室后，将第三首诗录进电脑，在尊重原文的前提下，对部分不通顺的语句进行了少量修改和调整。上午第四节是语文课，在集体朗诵诗歌的时候，我在没有介绍作者的情况下，向同学们用心地朗读并推荐了这首感人的诗，然后把这首诗通过大屏幕展示出来，带领全体同学集体朗诵。大家读得和平时一样感人，而诗的作者也流着眼泪和同学们一起读完了这首诗。

当我在同学们读完全诗后告诉他们这首诗的作者时，全班同学几乎个个瞪大了流露着惊讶神情的眼睛。"同学们可能有些惊讶，我读到这首诗的时候也跟大家一样，但这是事实。"我说，"今天我们要感谢他，感谢他把灾难的伤痛真实地带到我们身边来，也通过他这些日子的表现给我们展示了失去亲人后的坚强。"同学们给予了他热烈的掌声。掌声结束后，我接着说："我们还要感谢他，第一个用诗歌来表达情感，这告诉我们，写出诗歌不是难事，重要的是，有情就行——自古悲情出诗人。"

接下来，我鼓励同学们这段时间也不妨尝试着写写诗，用诗来记录灾难的感受，表达对灾难中失去生命的人们的深切哀思。

这件事完全出乎我的意料之外，但接下来发生的事情也完全在我的意料之中，因为它轻而易举地回答了同学们"愿不愿意写诗"这个问题。当天放学前，有好几个同学跑到我的办公室来，问我："老师，我们今天的作业就想写诗，行吗？"我对他们说，只要有了想写的愿望就是再好不过的事，老师高兴还来不及呢！结果第二天早上，就真有几个同学把写好的诗拿来给我看，而且几个同学还不止写了一首。

有一个同学悄悄问我："老师，能不能让全班同学也读我写的诗？"我一听就立刻感到这是一个更好的主意，由课堂上集体朗读网络上的诗作，换成每天集体朗读同学们亲手写的诗，这本身不就是一种最好的激励吗？同第一位同学一样，我从几个同学的诗作中挑出两首，也在电脑上稍作了修改和调整，之后，让全班同学集体朗诵。这一行动的后果可想而知，接下来的一段时间里，每天早上早读的时候，都会有几个同学把自己写的诗拿来给我看，让我帮着修改，自然是希望我能向全班同学推荐。

随笔本上的诗也越来越多，有的同学一口气写了十来首还不肯罢休，而每天找我修改和渴望我推荐的同学也越来越多，但是新的问题就出现了，毕竟集体朗诵的时间有限，但是不鼓励又会消减同学们好不容易激发起来的积极性，怎么办呢？我想到了网络——办一个班级诗歌博客，专门用来收集和发表同学们这段特殊时期写的诗歌，一能鼓励积极性；二能更好地交流互动，从而提高写诗的水平。

这个想法也得到了同学们的积极响应，他们公推班上的电脑专家陈思博来主持这件事，结果两天后，属于本班同学的第一个集体文学博客就诞生了，名字是同学们自己经过商量后取的：面朝大海，春暖花开。

面朝大海，春暖花开：和灾区来的"小雨"相处的日子

从明天起，做一个幸福的人
喂马，劈柴，周游世界
从明天起，关心粮食和蔬菜
我有一所房子，面朝大海，春暖花开
从明天起，和每一个亲人通信

告诉他们我的幸福
那幸福的闪电告诉我的
我将告诉每一个人
给每一条河每一座山取一个温暖的名字
陌生人,我也为你祝福
愿你有一个灿烂的前程
愿你有情人终成眷属
愿你在尘世获得幸福
我只愿面朝大海,春暖花开

在同学们不大喜欢现代诗的日子里,为了提高同学们对诗歌的兴趣和热情,我曾经想方设法找了一些教材上没有的经典诗歌给孩子们,徐志摩的,泰戈尔的,冰心的,林徽因的,等等。但是每一届学生们必读必背的,是海子的这首《面朝大海,春暖花开》,而且同学们对这首诗的喜欢程度的确要比其他诗要高一些,这从灾难时期同学们这首诗的题目给自创的文学博客取名用,就可见一斑了。但是我没想到的是,这首诗在灾难时期的语文学习中,成就了一段永久的记忆。

5月下旬,因为学校教师岗位临时调整,我被抽调到初三年级,暂时离开了八年级的学生。有一天放学后,女儿思仪神情异样地对我说:"爸爸,我们班上今天从四川灾区转来了一位女同学,她家是都江堰的。"原来,由于近期灾区余震不断,再加上灾区学校重建等,在深圳有亲戚的部分灾区孩子陆续来到深圳读书,有的是长期转入,有的则是临时借读,思仪说的这个情况现在几乎每个班都有。

我对孩子说,这是一件大好事,你和同学们可以真正意义上与灾区同学零距离接触了,这样就可以更全面更真实地了解灾区和感受灾难,从中一定会收获更多。但是我也不忘特别叮嘱她几句灾区来的同学们是灾难幸存者,他们刚刚经历了突如其来的灾难,很可能遭受了失去亲人、朋友、同学和小伙伴的痛苦,因此灾难留在他们心里的创伤一时还难以愈合,心灵也相当脆弱。在跟他们亲密接触的时候，一定要注意分寸，不要造成无意的伤害。我特意嘱咐思仪一定要让科代表事先跟全班同学讲一下，最好在新同学进班之前。

但是伤害还是发生了。第二天早上第三节课下课后，我正沿着长长的走廊往办公室走，突然听见有人在叫"老师，老师"。抬头一看，只见八年级11班的好几个同学正往我面前赶。

"什么事？"等他们走近了，我问。

"老师，出事了！"几个同学几乎不约而同地说。

"出了什么事？不要急，好好说。"我心里一惊。

"是谭丰翔，他刚才一句话就把新来的同学惹哭了。"快人快语的魏欣月说，"他刚刚问新同学她们班死了几个同学。"

我明白了。问他们新同学现在怎么样，他们说被班主任叫到一边安慰去了。我再问谭丰翔呢，正说着，又有两三个男生把谭丰翔正往这边拽。到了我跟前，只见谭丰翔气喘吁吁，一脸沮丧。

"老师，我真不是故意的，我只是想跟她套近乎……"谭丰翔的解释也合乎我的意料。他是一个对新人新事热情度极高的人，班上当时要动员家长捐书柜，他想都没想就第一个举了手，他为人正直、善良，同学们也都很喜欢他。但他时不时会热情过火，今天肯定是因为这个原因。我批评谭丰翔两句，叫他找个机会自己去跟新来的同学道个歉，这段时间说话的时候要小心点，免得再把人惹哭了。他点点头，这帮人才算饶了他。

这件事总算过去了，没想到还有第二件。下午放学的时候，两个科代表来办公室找我，有些不安，半天你看着我我看着你不说话，在我再三追问下，石人文才说："老师，今天我们班集体做了一件错事……""其实都怪我。"潘宗悟接过她的话说，"是我找的诗，我明知道新同学要来，没有想到这会伤害新同学。"

"是不是集体读诗出了问题？"

"嗯。"两人一起点头。

灾难与语文

"这不能怪你们,要怪只能怪我们老师没有提前想到后果,你们这么小,哪里能考虑得这么周全。"我一边安慰一边了解了事情经过。在今天下午语文课读诗活动中,读的诗名叫《妈妈,女儿想你》。诗还没有读完,新同学就伏在桌子上泣不成声了。很显然,新同学可能在灾难中失去了至亲的人,很可能妈妈不在了,而这首诗,刚好成了一根点燃她内心悲痛的导火索。

"老师,明天还读诗么?"潘宗悟问。

"读。"我想了想说,"只不过要换个读法。"

放学前,我跟两个科代表商量了一个新的读诗方案,新同学在的这段时间,不再读灾难题材的诗了,改读一些内容充满阳光的,能激励人向上的诗歌,带领新同学一起享受诗歌带来的美好意境,展望生活。第一首诗读什么呢?突然我们三人相视一笑:"《面朝大海,春暖花开》。"我们几乎是异口同声。当然我也没忘记叮嘱他们两人,朗诵前要说明把这首诗和这八个字送给新同学。

第二天的读诗效果很好,思仪回家后告诉我说,全班同学读时,新同学也一起跟着读了,也流了泪,但是看得出她第一次体会到了快乐和幸福的感觉。

在接下来的日子里,对于这个刚刚从灾难中逃出来,也头一次走进大都市的脆弱的同龄人,同学们都习惯在我面前称她"小雨",八年级11班的全体同学从学习、生活和情感上都给予了她力所能及的关心和爱护。我间接地了解到,几乎每次下课,都有人陪她说话和活动,中午吃饭,不是同学们主动邀请她到自己家里去,就是争先恐后用自己的饭卡从学校食堂里为她买来可口的饭菜,中午休息时间,也总有同学从书架上为她推荐一些图书供她阅读,晚上放学,几乎每天都有一大帮同学陪她回到亲戚家里。

这位叫"小雨"的同学在这里只呆了一个星期就要离开同学们了,因为老家的板房学校已经建好,她接到原来的学校即将开课的通知。"小雨"同学临走的那个周末,全班同学们抓紧最后的时间去关心和帮助她,同学们征得家人同意,自筹资金,轮流挤出时间陪她逛书城、溜冰……"小雨"同学临走的前一天,周日上午,谢志霖还特意请了几位同学,让爸爸开车带"小雨"和大家去了趟深圳著名海滨浴场大梅沙。同学们说要陪从来没看过大海的"小雨"实现她看海的愿望。

女儿思仪也被邀请参加了这次活动,那天她回来告诉我,在陪"小雨"同学看海的时候,同学们还送给了她一份特别的礼物——在海边的沙地上,同学们聚在一起,集体朗读了一首专门为她改写的诗:《面朝大海,春暖花开——送给可爱的"小雨"》。思仪抄了一份这首诗,小声地读给我听,我静静地听着,仿佛不只是女儿一个人在读,而是整个班级的同学们都在读,而其中,有一个声音显得格外突出,也洋溢着异乎寻常的幸福感,我想,这个声音就是那个叫"小雨"的同学的吧!

> 从今天起,做一个幸福的人
> 读书,学习,多交朋友
> 从今天起,忘掉忧郁和悲伤
> 我有一个愿望,面朝大海,春暖花开
> 从今天起,和每一个亲人通信
> 告诉他们我的幸福
> 那幸福的回忆留给我的
> 我将分享给每一个人
> 给每一条河每一座山取一个温暖的名字
> 亲爱的朋友们,我也为你祝福
> 愿你有一个灿烂的前程
> 愿你所有的梦想都能够实现
> 愿你每时每刻都获感到幸福
> 我只愿面朝大海,春暖花开

其实到最后,我也没有来得及见到这位被同学们称为"小雨"的同学,也可能是我不需要见到,因为我冥冥中有一种感觉,经过这一段时间心灵、情感和精神洗礼的同学们,他们一定用自己的方式去珍惜"小雨"跟他们一起共处的日子。我还不知道"小雨"真实的姓名，也没有去打听，我只觉得同学们这样昵称"小雨"，已经够好，够亲切，够动听。也许这位被同学们昵称"小雨"的同学自己不知道，她的到来和匆忙离去，给这个班的全体同学留下了一场三月小雨般温情而绵绵的回忆。

而我更希望，这场美好的"小雨"，连同那回荡在深圳海滨上空的《面朝大海，春暖花开》的集体诵读声一起，永远飘洒在同学们心灵深处，存留在语文课堂深处。

后记：

这段时间，灾难带给我们的巨大悲痛，正随着时间这位医师的"轻抚慢揉"而逐渐淡化，数万人的生命和数不尽的灾难，也终将以埋葬地下的方式，为我们永远印证一场国殇。而如同灾难之后我们必须面对现实去努力重建新的生活一样，我的心灵世界也必将一步一步去重构。

而这场突出其来的灾难，以及这个特别时期接踵而至的许多事情，也对我们的语文教育提供了一套全新的教科书，层出不穷且取之不绝的鲜活素材，不光丰富了我们的语文教育，让我们的课堂变得前所未地具有深度、广度和厚度，也让我们的学生所有能感知人文的器官得到了一次隆重的清洗，自然，这种清洗太过于昂贵。

这段特殊时期的语文教育，给我和我的学生们留下了深刻回忆。对我个人语文教育和学生的语文学习甚至是人生成长，都是一个重大转折。我相信，我和我的学生，都必将因为这个特殊时期的语文学习而获益终生。而如果一定要我说出这段时间的语文教育跟平时有什么不一样的话，那就是这段时间的语文教育无论线索、内容还是目标都是一个词语：情感。

公民与语文

——与公民意识培养相关的语文教育活动纪实

现代城市的发展，使得人们对周围生活环境质量的期望值越来越高，这个环境质量，一方面是指自然生态环境质量，另一方面其实指的是城市的人文环境质量。而像深圳这样一个经济高速发展，城市历史相对较短，而随着每天各种身份的人大量涌入，城市容量急剧膨胀的现代大都市，人们的这种愿望也日显强烈。

然而在强烈愿望的背景下，当人们发现现实状况与人们的期望值相去甚远时，埋怨就出现了。人们埋怨公交车上的不让座现象屡见不鲜，人们埋怨随手丢垃圾的情况仍时有发生，人们埋怨公共设施总在不断被毁坏，人们埋怨公共场合不排队和插队情况太过于常见，人们埋怨"乞丐"的假讨强要的行为经常出现……

其实，无论是人们所期望的，还是人们所埋怨的，都是围绕着一个话题：公民责任心与城市主人翁意识。换言之，也是今天的人们对两千多年前孟子所说的"穷则独善其身，达则兼善天下"的处世境界的向往和追求。但是面对纷繁复杂的社会现实，想要在成人世界实现这样的希望，还需要一个漫长的过程。

因此，"济天下"的梦想，从下一代的身上着眼比较现实——从教育入手，把"公民责任心与城市主人翁意识唤醒"作为一项实实在在的教育任务——通过把埋藏在一代代城市未来建设者和居住者们心中的公民责任心与城市主人翁意识的唤醒，来提升我们整个城市的公民素质，增强人们的城市主人翁意识，从而优化我们生活的人文环境。

而作为担负基础人文教育重任的城市语文教育者，自然不能作为这项长远而庞大工程的旁观者，我们更需要采取主动的行动，有意识地、力所能及地尽学科的责任，发挥学科的长处，去做一些有益的尝试和带动。这也是我在语文教育过程中，有意契入"与城市社会主人意识培养相关的语文教育活动"的理想初衷。

由一场小闹剧引发的对"三心"缺失根源的思考

2003年，我在刚刚送走一届毕业生之后，学校紧接着又将带两个毕业班的任务交给了我，这两个毕业班在学习状况上是一头一尾，所谓一头一尾，就是一个班是全年级最出色的班，一个是问题最大的班。由于刚刚送走的是两个平行班，也就是我们常说的"慢班"，所以这一次我还是多少感到有些庆幸，来深圳后终于有机会带最出色的班了，这样就可以让我和深圳的"好学生"进行语文交流了。然而庆幸的心情还没有维持多久，就遇上了一件让我感到心头揪紧的事。

由于在内地养成的习惯，我一般都是最早一个来到学校。开学不到一个星期的一天早上，我照例步行去学校，深圳的九月跟别的地方不一样，天亮得早，我走到学校大门附近的时候，老远就听见有很大的争吵声。走近一看，才发现是两个女同学正在跟校门口保安发生争执，说是争执，其实完全是一边倒，因为两个学生情绪激动，声音很大，而且出言很不逊，其中一个女同学甚至指着保安的鼻子说："嘚瑟个啥？不就是个保安吗，不就是看个门吗，别拿自己当英雄好不好？"当我正要前去问个究竟的时候，才发现这两个学生有些面熟，想想，才知道就是刚接手的那个"头"班的学生，拿手指人的同学我记得好像还是班长。

被两个女生骂得满脸通红的保安见我过来，像找到救兵似的跟我说明情况。原来学校一直都有规定，为保证学生安全，不提倡学生早到学校，学校大门在 7 点半准时开门，这两个学生因为是初三了，可能想早点儿来学校学习，自开学后，连续几天都来得早，学校大门口没有树可以躲太阳，所以她们在几次求保安旅行未果的情况下，今天终于向保安"开火"了。保安一解释我马上就明白了，这两个同学其实是在无理取闹。尽管她们爱学习早到校的动机是好的，但是她们知道学校的明文规定也不是一天两天了，是她们自己没守规矩。而保安则是严格地在按学校的规章制度办事，不让提前进校门，其实是在严格管理。

离正式开门还有半个多小时，我私下向保安求情说，这两个孩子可能是学习心切，说话无理，请他谅解。既然她们来得实在太早，再等下去可能也受罪，就破例让她们先进去，今后到校时间，我会跟她们再重新谈一谈。保安理解了我的意思，让两个孩子跟我一起进了校门。但是就在两个孩子进校门后不久，走在前面的我清楚地听见背后传来一声重重的"呸，看门狗！"。这声音让我的心猛地一紧。我回头看，只见那个保安一脸无措地望着一边。看到分明听到了这声音的保安，我似乎又感到一股热辣辣的东西直冲我的耳根，仿佛刚才骂人的不是我的学生，而是我。

那一天，我的情绪前所未有地低落，一扫接手新班以来的心潮澎湃。走进教室，面对我期待已久的"好学生"们，从头到脚都找不到丁点儿上课的欲望。那节课学习的是全册的第二课台湾著名诗人郑愁予的诗：《雨说——为生活在中国大地上的儿童而歌》。课堂上，同学们在聚精会神地听着配乐诗范读：

第一样事，我要教你们勇敢地笑啊
君不见，柳条儿见了我笑弯了腰啊
石狮子见我笑出了泪啊
小燕子见我笑斜了翅膀啊

第二样事，我还要教你们勇敢地笑
那旗子见我笑得哗啦啦地响

公民与语文

> 只要旗子笑，春天的声音就有了
> 只要你们笑，大地的希望就有了

是啊，这世界真的需要太多笑声，这生活真的希望太多笑声，这城市的人与人之间，也太需要太多笑声，这城市，也太需要太多孩子的笑声和笑脸。然而，当课堂上我的孩子们和着音乐，轻声跟着朗诵这首充满对生活在中国大地上的孩子们的祝福的美丽的诗时，我却又分明意识到，即使是再美妙跨越时空的祝福，此时在我的心中也只能是一种苍白无力的色调，一起苍白的，还有我手中的同学们第一次使用的教科书，那是渗透了无数专家思想和编者心血的新版新课程改革教科书，一起苍白着的，也许还有我一直在此耕耘的课堂以及二十年来靠辛苦经营积累的作为一名语文教师的自信。

在接下来同学们围绕诗歌进行自我学习的空档，我的脑海里一直摆脱不了对早上发生的这件事整个过程的回望，回望中我始终困惑一个问题：是什么样的原因，让我们城市的孩子拥有的东西越来越多的时候，他们身上最纯真、最可爱的与生俱来的元素却越来越少见了？我只能这样解释，是生活方式与成长环境的变化。包括今天保姆时代形成的内在生活方式，和他们一出生就直接依赖的物业管理为主要特征的楼宇成长环境。

今天的保姆生活方式，已经不是我们原先的"保姆就是第二个妈妈"的印象了，而是已经带有更明显的交易因素在其中，孩子们一出生就要面对身份尴尬的"人工奶瓶"的存在，优越性就从小而生。而与之相辅相成的以物业管理为主要特征的外部生活环境，则同样让他们从小就感到差别的存在是天经地义的。而更让人忧虑的是，这种以物业化管理为特征的外部生长环境，甚至正在广泛地走进校园，学校的社区化办学趋势，使越来越多的学校顺其自然地将物业管理模式引入学校管理中。几乎让我们这些上一辈人难以想象的是，今天的孩子在学校开展清洁大扫除的机会都越来越少了，因为有很多的保洁员、物业公司派来的安保，这些保洁员、安保，他们也跟家里的保姆一样，身份特别，他们是学校的人或者是孩子们每天都能见到的人，但是他们只是花钱请的"工人"，是他们生活中的局外人，也是这座城市的"边缘人"。

收入低微和成人世界对这些"边缘人"的有意无意的态度，就成了孩子们认识这些人的最好"教育"。在早已不再提"阶级"和"无产阶级"的时代，真正的"阶级"意识和对"新无产阶级"的态度，就这样在城市孩子们心中从小根深蒂固地萌发了——差别下的冷漠以及冷漠中的另眼相看和冷嘲热讽，就正在由司空见惯演变成理所当然。所以当我们围绕"是什么样的原因，让我们的城市的孩子拥有的东西越来越多的时候，他们身上最纯真、最可爱的与生俱来的元素却越来越少见了"这个问题进行思考的时候，更深层的答案是：失去越来越多的，正是孩子们身上的与生俱来的"三心"——同情心、怜悯心和只有在孩子们身上体现的最宝贵的公平心。

这就是我在课堂中回望进校小闹剧事件时得出的结论，这样的结论让作为教育者同时更是一位语文老师的我，感到心情沉重。我知道，这种缺失如果只是一两个同学对一两个人的表现，不可怕。可怕的是这个别的现象暴露的是更多的下一代整体的意识，可怕的是这种"三心"的缺失会向整个社会蔓延。蔓延的结果是，让我们快速发展的城市越来越失去同情，失去公平和公正，直至最后失去我们在城市生活中最重要的一样元素——温馨感。

那节课的教学内容和教学目标，原本与进校事件几乎无关，然而在课堂学习最后结束的时候，我就这首诗的作者所要寄托的感情，对我的学生们说了这样一段话：这首诗的提示中说，诗人笔下的雨，被赋予了生命的灵性，它是温柔亲切的爱的使者，淅淅沥沥、绵绵密密的雨点是她探访大地的殷勤脚步。朗诵这首诗，让霏霏细雨飘进你的心田。也希望同学们把笑声和笑脸不断装入心田，装满你们的心田，并在需要的时候，随时随地把源自你们内心的笑声和笑脸洒向大地，洒向世界，洒向我们发展中的城市的角角落落，洒向那些更需要笑声和笑脸的人，因为只要你们笑，大地的希望就有了，只要你们笑，大地的希望才会有，我们城市的希望才会真正有。而这一点，对我们，对我们今天的城市生活而言，很重要。

闹剧事件由我的学生一手导致，但是我知道事件发生的深层原因又不能全推到她们身上。而可贵的是，我的学生不愧是好学生，她们有一个优秀同学也是这个年龄的孩子应有的敏感和知错就改的品质。第二天上午我进教室上课之前，办公室桌上就摆放了两个精心折叠的小纸鸢。打开一看，是昨天那两个和保安闹矛盾的同学写的道歉信。并且这两位同学也充满愧疚地表示，今天早上到校的时候，她们两人就已经向被她俩冲撞的保安哥哥道了歉。

因为刚接手这个班，也是因为这两个同学在这件事上的真诚反思，这件事我最终没有拿到全班去讨论。在冷处理近两个月后，我利用为同学们提供随笔写作素材的时机，在同学们中开展了以"发现城市——为没有胡同的城市寻找精神的胡同"命名的语文系列活动，作为系列活动之一，我有意让同学们以"走近城市边缘人"为小专题，开展了一次文字写作活动。这场活动中，不少同学以全新的视角对生活在城市的特殊人群进行了观察和思考，发现了不少他们平时没有发现的人们的生活状态，也写出了很多感人肺腑的文章。在对这些文章的一次常规点评中，我曾和全班学生有过这样一次师生问答。

师：同学们，你们心目中哪些人被认为是城市生活边缘人？
生：保安、清洁工、保姆、钟点工、送餐员、洗头妹、建筑工、花匠……
师：这样的人在深圳占多数还是少数？
生：占多数。
师：那为什么这些人会被默认为是城市生活的边缘人？
生：因为他们收入低、买不起房、工作性质特殊。
师：他们收入低、买不起房是因为他们付出的劳动少吗？
生：不，恰恰相反，这些人甚至比其他人对这座城市发展做得更多、更辛苦。
师：他们工作性质特殊，是因为他们的工作可有可无吗？
生：不，恰恰相反，这些人的工作岗位是城市生活和城市发展中必不可少的。
师：他们的辛苦劳动和低收入不成正比，这是他们的错吗？
生：不是。
师：城市对这些跟我们一样甚至更辛苦的建设者们公平吗？

生：不公平。

师：这些人在这座城市被我们理所当然地视作"边缘人"公平吗？

生：不公平。

我至今清楚地记得，在这场我拿极为平常的语调和同学们展开的对话中，教室里有一两个同学的眼睛湿润了。其中一个是叫郑伟的成绩优异的同学，他的父母都是学校所在社区的清洁工，另一个同学的爸爸是一位收入低的长途汽车司机。而这两个同学，正对即将到来的半年后的中考充满忧虑：

因为没有深圳户籍，他们可能难以和大多数同学一样，正常就读深圳本地高中。

19路文字风暴（一）：由排队现象引发的城市公民素质反思

2004年全国"中语会"会报《语文报》初中版的第三版，用整版篇幅发表了一组特别的文字。这组被编辑命名为"作文启示录"的文字，不只是一般的习作选编，而是围绕一个同学在作文中表达的城市现象思考而展开的集体大思考的文字摘选。这场集体大思考，实际上是一场由同学的作文引发的文字交流活动，后来被我命名为"19路文字风暴"。

这里提到的"19路"，是从后海路上经过的一趟公交车，它的站台就在学校附近，是许多同学每天早晚都会乘坐的一趟公交车。本来同学们每天坐着这趟车来来去去，也很平常，但是在面对同学们对随笔写作中出现无内容无素材可写的抱怨以及我早已发现的同学们自主写作随笔的空洞现象后，我有针对地对同学们提出"让文字与城市生活的一切同呼吸、共命运"的随笔写作宗旨，其后，围绕这趟公交的故事，就越来越多了，"19路"，不知不觉成为了同学们课余生活的一个焦点，把在19路上看到、听到和想到的内容写成文字，几乎成了那段时间随笔写作的小潮流。

最初掀起这场文字风暴的，是班上一名叫赵浩添的同学，这是一名成绩优异而个性鲜明的男生。那天，我从赵浩添的随笔本上看到了这样一个起初让我感到到匪夷所思的文章标题：《我是不是一个"中国懦夫"?》往下看，才终于明白作者的意思，原来他是写他前后数次乘坐19路公交车的经历：

  我站在车站旁，寂寞地享受着风带给我的洗礼。人们陆续来了，来到了我的面前，拥挤在我的视线里，让我连吹风的权利也没有。

  车站很热闹，大家愉快地攀谈着，带着城市少有的笑容，等待着那一改变他们"命运"的时刻。

  "车来了!"不知是谁喊了一嗓子，男女老少、大哥大姐仿佛听到命令一般全都挤到了车站旁。载着广大人民群众光荣使命的汽车姗姗而来，一群人不等车门打开就往上扑，空气中夹杂着一股恶臭，我第一次闻到了灵魂的臭味。

  下车的人一见这阵势，哪还敢下啊，只能用无助的目光等待着"恶狼"们一个个往上挤。老人没老人样，小孩没小孩样，难道他们不懂得什么叫谦让吗？

  我有点儿恶心，独自站在队伍的末端，用嘲笑和鄙视的目光扫着这群无奈的人。风的感觉是美好的。

  我想制止，制止他们这种粗暴的行为。我甚至已经想象他们在听到我的话后，向我投来的愤怒的目光把我淹没。

  可我没有，不知为什么，怒火竟被悄然熄灭。

  在车上，我不断地用心去抽自己的嘴巴。懦夫？也许吧！

  ……

  我又一次出现在车站，又一次目睹了一群无奈的人的"恐怖活动"。

  我发怒了，我明显感觉到一股热血流遍了我的全身。

  我开始讲话了（应该是"骂"），我大声地讲，将我全身的力气注入口中，引得一群诧异的目光簇拥着我。

  我边讲边想，边想边讲。我从让座谈到了中华文明的起源。我从拥挤上车谈到了宇宙生命的本质。我在讲什么？不知道，管他呢，我把中国人的怨气、自己的怨气全往这群可怜的人身上砸去。

  那种感觉真的很爽，试想一下：在一辆中巴里，一个陌生的环境中，一群陌生人无助地盯着一个发泄的"疯子",那是什么感觉?那就是懦夫演讲的感觉!

我猛然意识到嘴角有些发麻,就随便在一站下了,在众人好奇的目送中,吹着口哨走了。

我很高兴,以至于一路都是笑着走的,一想到那些人被我骂后的心情,我就笑得更猛,吓得身旁的人立马离我三米之外。

我很悲伤,为中华民族的精神悲伤,老人没老人样,小孩没小孩样,仿佛车就像他们的生命一样死命往里挤,这就是中华民族的谦让美德?可悲啊!没几个人能站出来,没几个人!

……

很不幸,我又一次光顾了人们拥挤的画面,有几个上次被我骂过的人也离我远远的,好像我是外星生物。我有点儿心痛,没用的,他们不会因为我的话而改变。这里有一种我无法接受的味道,原来灵魂也是有味道的。

车来了,人们又一次开始"行动"。我不敢看,我不忍心去看。我打算把头扭向风中,回避这悲哀的现实。我一次又一次问我自己:我到底是不是一个中国懦夫?

多年来,为了调动和激发同学们用文字表达激情,我在教学时几乎形成了一个不成文的规矩,每到周五的语文课,不管有什么重要事,不管花多长时间,我都会认真对上周交来的随笔认真评一评,有时哪怕因为时间关系只是提一提也要做。而每次评讲时,除了要将几乎全部同学的随笔质量提到外,通常还要把本周优秀的随笔向同学们推荐。赵浩添的这篇《我是不是一个"中国懦夫"?》理所当然地成了当周重点推荐的随笔。由于课堂时间有限的关系,我在赵浩添简单介绍了自己的创作初衷后,希望同学们可以通过自己的文字,对赵浩添在这篇随笔中所关注到的社会现象进行思考和讨论。同时希望同学们借鉴赵浩添的将文字与城市生活紧密关联起来的作文方式,用富有责任的意识,去开拓文字关注的视野。

一周后,我在又一周的随笔上交来以后,看到不少同学围绕赵浩添的文章展开思考。学习委员范璐媛在题为《同样的经历，共同的感受》中这样写道：

从小到大，我跟公交车结下了不小的"交情"。求学九年，乘坐了九年的公交车，今天读完了赵浩添的文章我才明白，自己原来是一个"懦夫"，一个标准的"中国懦夫"。

想起从前，我也和他们一样挤车，看到这篇文章，我甚至觉得有一些愧意。但也没有办法，每个人都在为个人的舒适着想。人口众多，这也确实是我国的一大国情。值得庆幸的是，我已经有好长时间不去像狼一般地挤车了。

对于赵浩添在文中所要表达的思想和主题，我也是深有体会的，我希望有一天我们所有的乘客都能够文明起来，老人有老人样，小孩有小孩样。

在文章的后一部分，赵浩添讲述了他看到的较温馨的一幕，给了文章一个比较完美的"归宿"，中国人多，多也多出了特色，多出了乱，也多出了温馨。

班长杨梦妮（现已出国留学）在题为《懦夫现象带来的忧伤感》一文这样表达她对这件事的感受：

经常在车上、街道、商场看到一些"令人发指"的迹像，虽然心理无比绞痛，却怎么也说不出口。我恨不得冲上前去给那个吐痰的人几个耳光，恨不得叫那些插队的人一个个站好……可是不知怎么，我选择了离开，我总是逃避去观看人群中令我心痛的场面，不想让自己太失望，可是我知道自己已经失望了。

我恨自己没有赵浩添这样的勇气，督促周围的人规范自己的行为。

文章的前半部分真情实感，我个人非常欣赏，认为赵浩添对人物的刻画非常值得学习。其实我们不必为周围的现象所迷茫、伤感，不必将目光移向颤抖的叶面，而是转到明媚的星空……

我要谢谢赵浩添，谢谢他，让我学会了以一个城市主人翁的身份去关注社会。

而另一名男同学陈燮明（现也已出国）在他的《为什么什么都有的时候，

却发现什么都没有了》的文章中这样写道：

> 我首先向大家证明赵浩添上周随笔中提到的事是真实的，因为我当时也在场，而且几乎每天我都和赵浩添一起上学放学，一起乘坐19路公交车。
>
> 而作为一个同样的经历者，我对赵浩添对于自己是不是"懦夫"的质问也充满理解，因为我自己作为这场经历的当事者，我知道，这种质问的背后，是我们作为一个普通学生的无奈。因为这样的现象太普遍了，19路公交车上每天都在上演着这样的现象，而几乎所有的公交车上每时每刻都在上演着这样的现象，甚至可以说我们生活的城市也无时无处不在上演着这样的现象。
>
> 去年我曾跟爸爸和妈妈一起去过新加坡，我非常惊讶，这个也只是在1965年独立自主的国家为什么社会生活会如此井井有条？占全国人口百分之八十以上的中华儿女们，为什么会在这样一块狭小的土地上如此安分守己？我甚至对清早只有一两个人在公交站台上安静排队等候公交车的现象感到百般不解，然而这是事实。
>
> 为什么当我们什么都正在拥有的时候，却突然发现我们什么也没有了？没有了起码的公民责任心？难道这就是城市发展的代价？难道真是"需要一个过程"？但是新加坡的公民责任意识到今天这种让人叹为观止的程度难道也是走了一个漫长的过程吗？难道我们都只能像赵浩添一样最终让自己面对"是不是懦夫"而无奈吗？

同平时我读的太多的无病呻吟和被我屡屡批评为空口说白话、假话和套话的随笔作文相比，赵浩添以亲身经历而写下的随笔让我第一次看到了同学们对社会现象深入的关注，在这种关注中，我读到了同学们被埋藏着的对城市的公民责任心和强烈的主人翁意识，读到了同学们在对城市发展的同时，对城市生活秩序和城市文明的美好期盼。而同时我也看到了埋藏在同学们心中的强大的思辨力量，而这种力量一经点燃，就能迅速形成一种思想的风暴。

赵浩添这篇文章引发的深刻讨论，使人意识到，只要同学们还要坐19路公交，这种文字风暴就将继续下去，因为这场讨论无形中成为了一根火柴。

半年多以后，因为父母工作调动的原因，赵浩添随父母迁往了上海，但是由他而引发的这场关于城市公民素质的反思活动，却永远定格在了我对语文教育的回忆中，我不知道赵浩添现在在新的城市里生活和学习如何，也不知道他是否还在不断看到他所不愿看到的现象，更不知道他是不是依旧挣扎在"我是不是'中国懦夫'"的无奈中，但是我知道，由他而引发的这场讨论，在中国的城市语文教育中，是一定有着深远的意义的。而和他一起经历和感受这件事的他的同学陈燮明，在高一的时候选择了去加拿大多伦多。我在回忆中写这本书的前一个月，陈燮明和另外一个同学从多伦多放暑假回来，我和他们旧事重提，谈到了当初这场讨论。

陈燮明深有感触地说：这几年在国外生活的经历，让他感受到当初的讨论确实有意义，而且现在仍需要讨论，因为这三年他第一次回国，回国就免不了再坐公交车，今天来学校看老师坐的也还是19路车，似乎问题还在，同发达国家的公民素质比起来，我们还是有差距，还有许多问题要解决。

显然，对陈燮明四年后说的话我没有理由不认同，因为事实是这样的。而且我们的孩子通过国外生活的亲身经历，已经拥有了更充分的发言权。但是我也分明地感到，无论我们的孩子走到了哪里，他们对于这个问题的思考，都是怀着对自己生活过的城市的真诚期待和祝福。

19路文字风暴（二）：公民责任心与城市主人翁意识的觉醒

在围绕赵浩添《我是不是一个"中国懦夫"》引发的"城市公民素质"反思的两周后，几篇对城市生活现象进行写实和思考的文字又出现在同学们的随笔中，同赵浩添的文章相比，这些文章的角度、内容以及思考的范畴都有了明显不一样，同学们关注的范围也越来越广。这几篇作文同时成为了班上同学们讨论的焦点，而班上各科优秀并且两次在深圳读书月活动中获奖的韩蕾（现在香港就读香港科技大学）的一篇《倒下的树》更是成为了焦点中的焦点：

拥挤如常的19路公交车依旧转过了熟悉的路口。不同的是，公路中心的树篱和两旁的行道树倒了一片,无力地横在人行道上。

于是人们不免感到奇怪。人们并不是对周围的一切都无动于衷,随即有人议论起来。

"台风的威力真是惊人呀!树都被吹倒了一片!"有人说。

"……你见过台风把树吹得两面倒吗?还齐刷刷地倒了一大片?"又有人说。

无聊的对话在漫无目的地进行,越来越多的人开始注意这些行道树。

后来人们看到,这些植物是被工人挖起来的,原来与台风毫不相干。其实台风的威力又怎么能与人相提并论呢?尤其是破坏力。

已经超负荷的道路又被各种车辆堵得水泄不通,公交车也被迫停滞不前。于是我观察起了在公路中央工作的清道夫们,他们正忙着用锄头挖低矮的灌木。这些平凡的植物被无辜地从山林中移植到这个陌生的地方,显得如此格格不入,成为冷漠的路人眼中不屑一顾的景物。它们也许从不思考,因此也不会明白所谓命运的不公、环境的逼迫。这里没有花香,只有漫天飞舞的尘埃;这里也没有湛蓝的天空,只有无穷无尽的灰暗。谁都不禁要为它们惋惜、感叹、悲哀,只要人们不那么无动于衷,还有时间想到它们。

这些低矮的我所不知名的植物就在几乎停滞的时间里,在摆动的锄头下依次倒下。时间在尘埃中沉默,锄头挥舞干净利落。于是生命被按下了停止键。然后它们被大卡车运走,到我无从知晓的地方去了。我明白在一两天内它们都不会死去,但一两天以后呢?如果依旧没有人关心它们的生死,而它们又不懂得反抗与挣扎,将任由死亡悄悄逼近。

树木生来就带着命运的无奈。当城市需要它们来装点时,它们从宁静的山林里千里迢迢地来,都是刚刚离开家乡的青葱少年。当有一天公路需要扩建时,路旁已经没有了行道树的位置,于是它们又被从安身立命的土中挖出,默默地倒下,悄然被运走,然后被抛弃。这个城市因为它们而增添美丽,却从不曾留下关于它们的记忆。

而从头至尾,谁又关心它们的心情?如果它们是有心情的。

我不仅仅想到这些倒在路旁的树,还想到那些有着相似命运的人。

相对于赵浩添在《我是不是一个"中国懦夫"?》中对人的关注,韩蕾把她关注的目标放在参与城市建设的另一种特别的"主体"——行道树上。而可能出于希望更多的同学关注自己所关注的这一"主体",从而引发更猛烈的文字风暴的愿望,韩蕾首先自己就把这场讨论的导火线点燃了,她在这篇文章的后面,接着写下了自己作文时的感受,题目《因为无奈》:

我几乎每天都要乘19路公交车,都要经过同一条路。我总是看着窗外的风景,看着街上的树木。有时候它们青葱翠绿,有时候它们繁花似锦,可是有一天它们无声地倒下,我感到悲凉和可惜。后来我为它们写下了这篇文章,我想要表达的是生活的无奈。

世间百态,在我们这个繁花似锦的大都市里,又有多少这样默默无闻的角色被人遗忘在角落里。他们很平凡,平凡得让人们转眼就忘记。他们也许是行道树、路灯,或者是清道夫、建筑工人、邮递员,等等。

他们为城市献出辛劳,他们却没有留下名字,他们的命运也不由自己控制……他们来,他们去,他们不留痕迹。这让我想到,其实参与这座城市建设的有很多,行道树又怎么能说不是城市的建设者?它们也是城市的一分子,是"主体",但是为什么我们对这群"主体"的生命视而不见?

韩蕾的一大一小,一前一后的两篇文字,正如韩蕾所期待的一样,也马上在同学们中间引发了思考,范璐媛在题为《不只是树木的无奈》一文中这样看这件事:

倒下的树,寄托了一个普通路人的多少情思。我觉得,韩蕾是个感情和文笔都同样细腻的人,在她每一段美丽文字的背后,都夹杂了她不少深沉的情感。

此文在开头部分用两个人的对话引出了行道树的真正"死因"。以风的破坏力无法与人相比来引出主题。全文情景交融,令人感慨万千,尤其是末尾的思索发人深省。

初读此文时,我在倒数第三段上停留了好久。这同样是我最喜欢的一段。

素养与语文　大都市环境中的素养语文实践

树木的命运充满了无奈，它们的到来仿佛注定了被操控的一生。它们无权决定自己的命运，无法预见自己的未来。这些行道树正是在风雨中走过了一生，就连死也没有确切的地方。最后，文章的末尾又把主题升华到人，思索到了每一个像行道树一样的人。也许我们每一个人都是那样的行道树，现实中的人们也都有着这样那样的无奈。然而作者并没有说得更多，我想，这也正是此文的精妙之处，一言难尽的情感，留给了每一个读者细细品味。

在班上，我最欣赏的就是韩蕾的文笔。每次读她的文章，我都有一种被融进去的感觉，也总是被她的文章所打动。我会透过她洒脱的文字同她一起思考，思考她说出的、隐含的以及她更深层的情感。我想，这也许是她的优势吧！

语文科代表吴梦醒向来写文章偏重理性思考，她的题目是《生命是等同的》：

我也曾经看过成排的行道树被挖起来的情景，可是我什么也没有想，什么也没有做。

也许我生来是那种典型的"事不关己，高高挂起"的人，而韩蕾则不同，她对事物的感怀以及思维的开阔令我敬佩不已。

行道树也是有生命的，既然同是大自然得意自豪的杰作，行道树为何要承载如此不公的命运呢？这是我从文章的字里行间中读到的作者的思绪，让我深深地感受到作者的善良与纯真。

为生活在同一座城市，同一个地球的生命担忧并引发思考，这是作者的感情流露，为行道树鸣说不公，控诉人类，让我看到作者小孩子般善良可爱的一面，看到她无比纯洁的内心世界……

整篇文章都在向人们诠释一个道理，生命是等同的，让人有种沉重而又愧疚的感觉。

当然，对于韩蕾观察到的现象及她的思考，班上也有同学表达了与众不同的认识，胡韵捷（现就读澳门大学）就是其中一位，她在题为《树有树的生命方式》一文中这样写道：

也许会有人觉得行道树的生活寂寥无比，因为它们每天只是站在那里，生长，生长。我不那么觉得。

它们看似只是站在那里，其实它们过得很充实。它们见识了城市白天的车水马龙、人迹匆匆；见识了城市夜晚的灯红酒绿、万家灯火。形形色色的人，形形色色的事，不论美丑，它们都一一装在心里。也许行道树的见识，比我们任何一个人都广。行道树们总是笑盈盈地招呼行人在它们茂盛枝叶的遮挡下休息、乘凉，欢迎小狗们一次又一次将树的脚下占为自己的地盘，他们走时，行道树还是笑盈盈的，并发出沙沙的声响欢迎他们再来。行道树站着，快乐地站着。

也许有人会觉得行道树的生活很无奈，我不那么认为。虽然它们的生死取决于人类，任凭人类将它们无数次地种植、砍伐，种植、砍伐，但它们包容了人类，因为它们始终觉得，它们在帮助人类，帮助人类建设更美丽的城市，在被砍伐后作为人类加工物品的原料，它们的一生都在为人类做奉献，且不求回报，因为它们觉得，这是它们的责任，是它们的职责。

在行道树生命将尽的时候，它们很平静。它们不憎恨残害他们生命的人类，也不为自己即将失去生命而感伤。它们依然是笑盈盈的，因为它们完成了在人世间的使命，虽然默默无闻。智慧、包容、奉献，我想，行道树的存在和消失，也对我们有这样一个启示：树有树的生命方式。

其实，对于行道树的命运，不管是赞同，还是反对；不管是同情，还是无奈；不管是认为这是一种人为的结果，还是认为这只是一种自然的归宿；等等。结果也许并不重要，而重要的，就是"关注"，同学们通过每天乘坐公交车的经历，开始学会了关注社会，关注这座快速发展着的城市和值得深思的社会现象。这种关注是良性的，也是可贵的。在对城市现象关注和思考，讨论、交流和碰撞的过程中，同学们的城市公民责任心在一步一步得到稳固和树立，他们的城市主人翁意识在逐步得到加强。从这个意义上讲，这场围绕"19路公

素养与语文　大都市环境中的素养语文实践

交车"展开的文字风暴活动，又何尝不是一次用视线和文字的组合液为心灵自洁的宝贵经历？

这场文字风暴高潮过去后不久，《语文报》编辑向我约要学生作文，于是我把韩蕾本人的作品以及同学们围绕《倒下的树》引发的思考文字其中一部分寄给了他，不久《语文报》就以"作文启示录"为栏目名，并以整版的篇幅发表了这些文字。同时发表的，还有我当时以点评方式参与的讨论文字，题目为《难得的悲悯情怀》：

对于生活在小康社会的这一群少年，我听的成人对他们最多的抱怨，就是批评他们欠缺责任心，生活得太自我。可是我们读韩蕾的这一篇小小的随笔式作文时，作为成人的我们，也该怀疑这种指责是否过于武断。在深圳这样的南方都市里，夏天台风吹倒树木是极为正常的事，而折断的树木被运离道路也是极正常的事，可是就是这样普普通通的无意溜进视野的生活现象，韩蕾触及即深思，对树木的同情与关怀如同对人一般，真是让我们这些习惯于指责不休的大人们汗颜，同时令我们汗颜的，还有韩蕾的同学们在这件事上的真诚、聪明和过人的思考。在这种思考中，我们欣喜地看到了作为新时代的城市公民，埋藏在他们内心深处的公民责任心和城市主人翁意识的觉醒。

发现深圳——为没有胡同的都市寻找精神的胡同

2005年10月第三周的第一节语文课上，重点班的同学们每个人都接到一份让他们倍感自豪的东西，那是一本我用A4纸为他们编辑的小册子。这不是一本普通的小册子，而是同学们开展一项专题语文综合性学习活动的成果汇集。这次专题语文综合性学习活动历时一个月，全部利用课余时间开展。活动的主题就叫"发现深圳——为没有胡同的都市寻找精神的胡同"。

翻开这本厚厚专集的目录，两页纸上整整齐齐地排着这次活动后全班52个同学每个人的专题报告和文章的题目：

丛飞，深圳土地孕育的大爱化身 …………………………… 赵　怡
城中村，城市没来得及褪去的汗毛 …………………………… 郑伟杰
读书月活动，深圳的城市文化名片 …………………………… 周　琪
我最喜欢的城市性格——包容 …………………………… 李维佳
家在蛇口，《春天的故事》唱响的地方 …………………………… 石奉奇
中国开放的号角：时间就是金钱 …………………………… 汪海天
从滨海大道的隔音墙说起 …………………………… 张凯蕾
红树林，城市腹地生态保护意识 …………………………… 杨明妍
清明时节，再上莲花山 …………………………… 张　粤
从地名的变迁看小渔村近代发展史 …………………………… 何天扬
拓荒牛，深圳人永不能丢失的创业精神 …………………………… 王伟竹
深圳义工，深圳城市形象的一扇新窗口 …………………………… 武　月
从"深圳人不相信眼泪"说起 …………………………… 成紫晗
深圳，多元文化的集散地 …………………………… 吴　迪
……

2004年前后，一篇题为《深圳，你将被谁抛弃》的无名网友写的长篇文章一夜之间流传在各大网站上，文章用数据和事实论证了深圳令人担忧的前景，一时间下到平民百姓，上到企业界大腕，甚至公务员，机关领导，内心深处都弥漫着悲观的情绪。"深圳还姓特吗？""深圳还有发展前途吗？"等讨论也相继在各个行业、领域展开。这件事最后甚至惊动了市委市政府领导亲自出面解释。

这件事对于一向缺乏归宿感和安全感的深圳人们来说，无疑是一根导火线，加剧了人们对这座年轻城市的不安情绪，也给那些本来持有"深圳是文化沙漠""深圳除了钱之外什么也没有"等观念的人找到了捕风捉影的新话题。种种情况的背后，其实正说明了一个问题：深圳虽然是一个快速发展的新兴都市，但是生活在这里的许多人并没有深层次地去了解它，大多数人对城市的信仰意识还没有形成。

如果说这样的情况发生在成天承受着事业和工作压力的成人身上来说是可

以谅解的话，那么它开始蔓延到一直生活无忧的深圳下一代未成年孩子身上的话，那就不是一件让人感到轻松的事了。

偏偏这种我最不愿意看到的情况却确确实实发生在我的眼皮底下。这段时间，是我让学生开展这项以"发现深圳——为没有胡同的都市寻找精神的胡同"的语文专题综合性学习活动前不久。起因是九月份接手这个班后，我感到很多同学在随笔中无内容可写，为了帮助同学们解决这个问题，有一次，我建议大家本周的随笔以深圳生活为着眼点。结果周一交上来的随笔中，第一篇文章的题目赫然在目：《没有胡同的都市，想说爱你不容易》，而作者是班上学习成绩优异的郭逸馨。她在文章一开头就直言不讳地写着这样一段话：

难得的周末，吃过晚饭，我就跑到电视机前，看我最爱看的日本动漫片。妈妈又是以让我放松放松的理由，强行让我跟她出去散步。虽然不愿意，但我知道我扭不过妈妈，于是就硬着头皮跟她出去。一出门，就往右拐，上爱榕路，再往右拐，再上后海大道，然后就接着往前走。从小到大，每一次都这样。

老实说，我最不喜欢这样走了，但是没有办法，在白天喧哗不断，夜间嘈杂一片的深圳，这也许是唯一的所谓放松的方式。但是请不要误会，我是个不爱走的人。北京有胡同，每回去奶奶家，我就爱一个人独自在那里随便走走，感觉特好。上海有里弄，每次去三姨家，我也爱一个人独自在那里随便走走，感觉也有说不出的好。西安有小街，每次去表哥家，我也爱一个人独自去走走，感觉行走在历史的长廊中，也很好。

但是深圳是个没有胡同的城市，没有胡同的城市就等同于一个人没有内涵，一切都显得那么空洞，那么肤浅，难怪太多的人说深圳是一个文化的沙漠。这个比喻真是再恰当不过了。所以，虽然我从小生在这里，长在这里，但是我心里面对这座城市从来就没有家的感觉。真的，我不喜欢深圳，甚至说连起码的好感都没有。

所以，在这样一个没有胡同的城市里夜晚散步，我感到不是在散步，是假装散步，没心情……

越往下读我的心情越沉重。从这位优秀的深圳下一代的文字中，我分明读到了她的心里压根都没有"接受"两个字，更谈不上对城市的理解和热爱了。但如果只是郭逸馨一个人是这样想的话，也许我可以把这种想法看作是一种偶然，是可以淡化的，而偏偏情况不是这样，接着我继续翻阅这次作业时，竟然发现持相近想法的同学占到了全班四分之三以上。也就是说全班52个同学中，只有不到13个同学在自己的作业中对自己所生活的城市给予了好感的表示。

文章的题目就让人触目惊心，也令人倍感匪夷所思：《热死人的深圳》《游荡在城市的边缘人——垃圾群体》《这里什么都有，又什么都没有》《钱，深圳人的全部》《这里没有童年》《被欲望淹没的都市》《鹏城犯罪率，谁的错？》《堵车，堵人，堵心》《在这里，我学会了逆来顺受》《消失的年味道》《我家租住农民房》《城中村，城市没来得及褪去的汗毛》《电梯上下，心情起伏》《搬来搬去的生活》……

花了整整半天读完学生们交上来的这份特殊的作业后，我的心里也就剩下了两个字：堵心。我没有想到这些看似生活在幸福中的孩子们，这些成长在中国改革开放最前沿的大都市的孩子们，这些被社会寄予了深切希望的鹏城的下一代们，他们眼里的城市全是欲望、肮脏、犯罪、酷热、空白等丑陋的现象。如果说大人们对城市的不满出自于生活的重重压力与艰辛的话，那么孩子们的不满情绪又从何而来？换言之，这些孩子为何眼里只看到城市发展中的不可避免的阴暗面？

众多的原因我一时分析不出来，但是有一点又是可以肯定的，那就是身为教育者，我感到至少深圳的教育自身是要担负一定的责任的。是的，当孩子们的课程表排满各种各样的功课时，当孩子们课余时间排满各式各样的作业时，有哪一样课程里有对孩子们树立城市信仰的引导？又有多少作业是在引领我们的孩子去从理解的角度发现他们所生活的城市？看来，教育自身的缺失是一个不得不面对的问题。

这就是接下来我布置开展以"发现深圳——为没有胡同的都市寻找精神的胡同"为主题的语文专题性综合性学习活动的初衷。由于前一次作业带给我的沉重的思索，我吸取了一些教训，这一次的作业我对同学们进行了充分鼓动，还特意将上次作业中从正面发现城市的几位同学的文字在班上进行了宣读和张贴，也请这些同学谈了他们对城市的理解。并在此基础上要求同学们学会用正面和积极的眼光来发现城市，并且力求用足够的事实来说话。

这次活动的时间也很充分，有一个月时间。布置任务的时候临近放十一国庆长假，孩子们也可以趁假期的时间去观察、思考和发现。同时为了这次发现城市的语文综合性学习，我在提前做了充分准备的前提下，为孩子们列出了上百个正面去发现城市的角度：城市的地位、地理；城市的人文、历史；城市的绿化、环保；城市的风情、风俗；城市的建筑、建设；城市的商品、商业；城市的饮食、生活；等等。

孩子毕竟是孩子，他们很快意识到看待一个事物的角度与得出一个结论之间的关系。在长达一个月的语文专题综合性学习过程中，我从孩子们对调查进展的谈吐中，感到他们正在逐步深入了解城市，在这种慢慢深入的了解中，他们也渐渐增加了对城市的理解。而当一个月的考察发现临近尾声时，我利用两节课的时间隆重举行了同主题的活动总结会。那次会上，每个同学的角度都让人感到新鲜，每个人话语中的深圳都是独具特色的。于是，出现了这本发现深圳的报告汇编，在激动地为孩子们编完汇编后，我在扉页上为同学们的这次活动题写了赠言：

城市是我们成长的摇篮，这里的水和土地养育了我们，因此我们没有理由拒绝甚至背叛它。而反之，热爱、崇拜和信仰我们所赖以生存的城市，应当是我们每个人不可推卸的使命和天职，因为，我们不仅是这个城市的公民，更是城市昨天、今天和明天的主人。

收藏都市——评选最富城市文化象征的"深圳三宝"

这些年来，面对每一届学生，我立足城市而开展的类似发现和感受的活动一直都在有针对性地进行，也可以说大同小异，也可以说殊途同归。原因就是关于"深圳是不是文化沙漠"的讨论一直没有停息过。至少从2001年我到深圳以来，几乎每年都能通过各种渠道感受这种讨论的存在。尤其是上文提到的 2004 年出现的《深圳，你将被谁抛弃》这篇网络文章以后，这种讨论的声音显得更加热烈。

因此，这里有必要和大家一同回顾一下 2004 年以后这场讨论的剧烈程度。下面就是直接从网上摘选的网友的看法：

一位网友在《深圳，文化沙漠》中这样认为：

从深圳特区创立至今，关于深圳有没有文化的讨论就一直没有中断过，有人说，深圳是地地道道的文化沙漠，因为这里除了钱和每个人骨头里头对钱的欲望外，什么都没有；也有人说，深圳也有自己的历史和文化，特别的别具一格的移民和创新文化。深圳聚集了全国各地无数的精英，因此说深圳是文化沙漠是站不住脚的，但是深圳也决不是国内某些文化名人所称赞的："深圳是中国文化的桥头堡""深圳对 20 世纪的中国文化有着结算权"。

说深圳没有自己的文化的人总爱拿深圳与北京和上海比，北京有老北京所赋予的皇城根文化，也就是所谓的贵族文化，而上海有自上世纪二三十代就形成的独特的杂文化，绅士文化。实际上，这种比较是不公平的，因为深圳确实历史太短。比较公正的说法应当是，深圳正在形成独具特色的多元移民城市文化。

另一位网友在《暴发户还提什么文化》中这样认为：

城市总有城市的定位，对于深圳来说，"暴发户"就是最好的定位，这个定位对深圳来说也最恰当。两百年前，在美国发了财的英格兰人回到英国时，曾长时间不被接受，那时的英国本土人对美国的评价就是一个词"暴发户"，而后来的美国人发奋图强，努力创造自己的文化，正是与这种评价密切相关。

所以深圳要学会面对现实，至少要在目前勇敢地承认自己就是一个"暴发户"，而"暴发户"就是缺少内涵和积淀的代名词，因此深圳就应当承认文化沙漠的现实，但是可悲的是这座城市就像当初的美国人一样，害怕面对这个事实，更不敢承认这个事实，这反而更体现一种不自信和心虚。

一位网友在《说深圳没有文化是别有用心》中这样认为：

那些把深圳比作"暴发户"，认为深圳这座城市的最大特点是"速度快，没内涵""钱是有，缺文化"的人们，实际暴露的是一种仇富心理。也许只有这样，持这样看法的人们才会在面对深圳的快速发展时有一些心理慰藉吧！

什么叫文化？什么叫城市文化？什么叫文化沙漠？请问，文化就是有几个土生土长的古稀学究？城市文化就是锈迹斑斑的古代城楼？

要是以这种眼光来看深圳的话，深圳这个中国改革开放的窗口，这个曾经的中国经济发展和社会发展的引擎当然就是文化沙漠了。实际上，香港流行文化在20世纪80年代就北上，风靡全国，你能说和香港一水之隔的深圳就没有文化？

另一位网友在《有文化，也是肤浅的功利主义文化》中这样认为：

虽然深圳特区为中国的改革开放和社会发展做出了重大贡献，这座城市在短短的三十年时间就跻身国际化大都市行列，但是深圳这座城市文化的贫弱却是深圳内外不争的事实。

在移民文化尚未真正形成之前，深圳对外展示的是一种功利主义为基础的商业文化。而缺少普及型的市民文化和精英型的学术文化。市民文化如独特的小吃、方言和风俗等都没有，这是深圳人对这座城市缺少认同感和归宿感的主要原因所在。深圳在文学、艺术、社会科学和自然科学方面虽然也偶有奇葩展现，但都没有形成重大影响，形成气候，因此在学术氛围和文化涵养方面，不但不能与北京和上海等城市比，就是跟其它大中城市如青岛、武汉、西安和南京比，也还有很大差距。

现在，只要在网上输入"深圳文化"几个字，相关的讨论就会让人目不暇接。以上摘选的几位网友的看法，基本上具有正反两个立场的代表性。在这样的情况下，我们看到尽管有人拿出了"深圳进书城读书的人数年均 1400 万人次，相当于 700 万人每人每年进书城两次"（2001 年），"深圳书城销售额每年 2.53 亿元，居全国第二"和"深圳人均购书消费连续十二年居全国大中城市之首"等证据来参与这场讨论，深圳市政府也早在 2003 年就提出了"文化立市"的响亮口号，但是仍然没有办法制止这场讨论。

"我周围的朋友都跑光了，要么去了北京，要么去了广州。做传媒的，做动画的，做音乐的，做设计的。"一位叫缪永的深圳一家影视公司的老板，在 CCTV 播出的《深圳二十年》中，她以"没有深圳户口的深圳人"为话题在接受访谈时，面对镜头，说了这样的话。缪永的话和这场持续不休的讨论虽然至今没有结果，却向我们证实两个事实：一是人们生活在这座城市的确缺少认同感和归宿感；二是无论这场没完没了的讨论有没有结果，但是讨论的结果却是不断在让生活在这座城市的人们内心受到伤害。

作为一名城市生活的居民，我当然也受这场讨论的影响，时不时在精神和情感上受到伤害，但是作为一名城市语文教师，面对这场没有结论却能带来伤害的讨论时，我本能的意念是，在我面对正在学会感受和思考的孩子们时，尽量减少和避免这场讨论对他们心灵的伤害。也许有人会说，为什么不带领学生直接参与这场讨论，让他们从中获得自我体会？我想我不会认同这种想法：一是学生还太小，他们只是一群虽然身心在长大，但离成熟还遥远的孩子，面对这样的一个大话题，他们无力胜任；二是面对大人们都争论不休的话题，面对大人们在讨论的过程中都难以抵挡的伤害，他们能不受伤害吗？

然而，不讨论不等于说就置之度外，因为无论人们对这座城市的文化给予什么样的评价，我们对孩子的认同感和归宿感的教育，以及对他们对城市自豪感和骄傲感的培养都得扎扎实实地进行，也就是人们常说的"主人翁意识"的唤醒。这一点，无论对孩子们今天的成长、生活和学习，还是对他们未来参与城市建设和发展，都显得至关重要。这也是本文一开头说到的"这些年来，面对每一届学生，我立足城市而开展的类似发现和感受的活动一直都在有针对性

素养与语文　大都市环境中的素养语文实践

地进行"的前提。2006 年，我和学生们一起开展的"收藏都市——评选最富城市文化象征的'深圳三宝'"语文活动，也算是其中之一。

这项"收藏都市——评选最富城市文化象征的'深圳三宝'"的语文活动，其实是相对于前一届同学们开展的"发现深圳——为没有胡同的都市寻找精神胡同"而重新规划设计的。相较于上届的同类活动，虽然大同小异，但是在这项活动中，我们的目标更为具体，结果更为明朗，就是意图通过这项活动中的"寻找——评比——收藏"的过程，让同学们学会正面观察我们城市的优点，并通过对这些优点的认识和思考，深度感知城市与众不同的魅力所在，从而最终从心底深处为自己所生活的城市感到自豪，获得对城市根深蒂固的认同感，牢固树立"我是深圳人"的主人翁情怀。

同"发现深圳——为没有胡同的都市寻找精神胡同"活动的以专题研究为形式有所不同，这次活动是以推荐加评选为主的方式展开，而推荐时，每个同学对自己所推荐的内容要公开陈述推荐理由。最后，由同学们自己选出的评委当场投票，根据票数的多少，最后确定我们的"城市三宝"。活动准备时间为一周，在这一周时间里，同学们都可以对自己所要推荐的内容进行选择，同时对自己选择的结果进行推荐陈述的准备。这场活动最精彩的部分，其实不在结果，而是在一周后进行的正式推荐公开陈述会上。由于活动是开放式的，同学们每个人都挖空心思选择内容，陈述的理由也精彩纷呈。下面是当时陈述环节的一段摘选：

杨童向同学们推荐的是"时间就是金钱，效率就是生命"这个改革开放初期影响最大的一句口号，她这样阐述她的推荐理由：

在蛇口工业区微波山下，一块上书"时间就是金钱，效率就是生命"的标语牌矗立了二十几载。正是这个口号，吹响了中国改革开放的号角，成为全国人民学习深圳速度的象征。1984 年 1 月 26 日，中国改革开放总设计师邓小平爷爷来蛇口视察时，评价这个口号："对！"这个口号也应当是深圳改革开放的象征，是中国改革开放的象征，理应被记入历史的史册，因此我推荐这句宣传语为"深圳之宝"。

贾琳向同学们推荐的是"深圳读书月活动"，她这样阐述她的推荐理由：

"深圳读书月活动"从2000年发起，到2008年已经有八年时间。"深圳读书月活动"让无数的深圳人学会了读书，知道了读书的重要性。据统计，现在深圳平均至少每年有1400万人次走进深圳书城，按700万人口计算，每人每年至少两次走进书城，深圳人均购书量已连续12年居全国大中城市之首。深圳已经成为名副其实的"阅读之都"，这正是城市文明发展的标志，也是深圳文化发展的标志。如今，"深圳读书月活动"早已成为全国知名文化品牌，成为了年轻的深圳的一张光彩夺目的城市文化名片，是理所当然的"深圳之宝"。